辽宁省职业教育“十四五”规划教材
新形态一体化教材

演讲与口才

主编　刘　琨

北京邮电大学出版社
www. buptpress. com

内 容 简 介

本书共三个模块:语言基础、演讲口才和应用口才。每个模块又分为三章,共九章内容,分别是演讲与口才概述、口语表达技巧、态势语言训练、拟稿演讲、即兴演讲、辩论演讲、求职口才、社交口才和营销口才。

本书可作为公共基础课的教材,也可供广大演讲与口才的爱好者参考。

图书在版编目(CIP)数据

演讲与口才 / 刘琨主编. -- 北京:北京邮电大学出版社, 2020.6(2024.7 重印)

ISBN 978-7-5635-6088-2

Ⅰ.①演… Ⅱ.①刘… Ⅲ.①演讲—高等职业教育—教材 ②口才学—高等职业教育—教材 Ⅳ.①H019

中国版本图书馆 CIP 数据核字(2020)第 092397 号

策划编辑: 师丽华 **责任编辑:** 高 宇 **封面设计:** 黄燕美

出版发行: 北京邮电大学出版社
社 址: 北京市海淀区西土城路 10 号
邮政编码: 100876
发 行 部: 电话:010-62282185 传真:010-62283578
E-mail: publish@bupt.edu.cn
经 销: 各地新华书店
印 刷: 天津创先河普业印刷有限公司
开 本: 787 mm×1 092 mm 1/16
印 张: 12.5
字 数: 304 千字
版 次: 2020 年 6 月第 1 版
印 次: 2024 年 7 月第 5 次印刷

ISBN 978-7-5635-6088-2 定 价:39.80 元

·如有印装质量问题,请与北京邮电大学出版社发行部联系·

服务电话:400-615-1233

前言

PREFACE

劳动创造了人类，也创造了语言，语言的出现是人类文明的标志。历史上，那些能言善辩、才华出众的人物实际上也大多是了不起的演说家。演讲与口才是语言的艺术，古人云："一人之辩，重于九鼎之宝；三寸之舌，强于百万之师。"演讲与口才的重要性可见一斑。现代社会正处于高度发达的信息化时代，全球化浪潮波涛汹涌，演讲与口才在社会竞争中发挥着越来越大的作用。

本教材根据国务院印发《国家职业教育改革实施方案》，坚持理论与实践相结合的原则，并结合编者多年从事教学和科研的体会编写而成，注重科学性、通用性和职业性，旨在帮助学生了解演讲与口才的基本理论，掌握演讲口才与应用口才的技巧，提高当众讲话的口语表达能力，做到能说、会说、善说，满足工作、学习、生活的需要，为学生全面发展、可持续发展夯实基础。

本教材突破了演讲与口才类传统教材的编写模式，将教材分为"语言基础""演讲口才"和"应用口才"三大模块。"语言基础"模块由演讲与口才概述、口语表达技巧、态势语言训练三章组成，旨在强化语言基本功，提高语言运用的准确性；"演讲口才"模块由拟稿演讲、即兴演讲、辩论演讲三章组成，主要提高语言感染力；"应用口才"模块由求职口才、社交口才、营销口才三章组成，根据专业需要，提高语言运用的针对性。

为了达到良好的教学目标，本教材在编写过程中突出以下特色。

1. 突出人文性

本教材所选名人演讲稿、精彩辩词、新颖案例等均具有深厚的人文情怀，能潜移默化地对学生进行素质教育，使学生在刻苦训练的同时得到美的熏陶。

2. 强调可操作性

本教材采用精讲多练的编写方式，强调“先仿后练”，可操作性强，能使学生在较短的时间内接受有效的训练，掌握基本理论与技巧，提高演讲与口才水平及综合素质。

本教材由沈阳职业技术学院的刘琨副教授任主编。在本教材编写过程中，编者参阅了大量文献资料，在此一并对相关作者表示感谢。

由于编者水平有限，书中难免存在不足之处，敬请广大读者批评指正。

编　者

目录

CONTENTS

模块一　语言基础

模块二　演讲口才

模块三　应用口才

模块一

语言基础

第一章　演讲与口才概述

第二章　口语表达技巧

第三章　态势语言训练

第一章　演讲与口才概述

学习目标

（1）了解演讲与口才的含义和作用。

（2）掌握演讲与口才的特点及分类。

情境导入

美中不足的西装

有一次，林语堂要参加一个万人演讲，为了有一个比较好的形象，他特地去香港定做了一套西装。这套西装在演讲前一天的下午送过来了，林语堂一试，非常合身，美中不足的是裤子的右裤脚稍微短了一厘米左右。

当时有三个人都注意到了，这三个人就是林语堂的老母亲、妻子和女儿。西服再送回去改肯定是来不及了，林语堂觉得这也不是什么大毛病，一般人谁都不会留意，就和没事人一样把西装收了起来。

晚上，林语堂的老母亲怎么也睡不着，心想自己的儿子那么有名望，怎么可以穿一个裤脚长、一个裤脚短的裤子去演讲呢？于是她悄悄起身，把左裤脚剪了一厘米，并缝好熨好，安心睡觉去了。

林语堂的妻子也睡不着。到了午夜，她也悄悄起身，把左裤脚剪了一厘米，并缝好熨好，安心地睡觉去了。

天快亮的时候，林语堂的女儿醒了。老实说，她也没睡好，一晚上脑海中都是爸爸高大的形象总与一个裤脚长、一个裤脚短的画面，于是她也起身，把左裤脚剪了一厘米，并缝好熨好，然后回房小睡了一会儿。

林语堂一大早起床后洗脸、刷牙，然后换西装，三个女人不约而同地等待着“见证奇迹”。可是林语堂换好衣服出来后，大家都傻了：昨天明明右裤脚短了一厘米左右，今天，怎么反而左裤脚短了这么多？

弄清了事情的原委后，林语堂决定，就穿着这身衣服去演讲！

主持人介绍完，林语堂从容地走上讲台。台下掌声如雷，当然，掌声中还夹杂着阵阵笑声。本来嘛，谁看到这样滑稽的着装不觉得好笑呢？待掌声和笑声平息下来之后，林语堂将裤子的故事娓娓道来，最后他说："世界上最真、最纯洁、最伟大的爱都会出现沟通障碍，世界上最真、最纯洁、最伟大的爱都需要良好的沟通。"话音一落，台下再一次爆发出雷鸣般的掌声。

视频
演讲穿戴标准小议

资料来源：http://www.lizhigushi.com/lizhixiaogushi/a17569.html.（有改动）

第一节 演讲基础知识

一、演讲的含义

演讲，又称演说或讲演，是指演讲者在特定的时空环境中，通过有声语言和态势语言向听众传递信息，表述自己见解、阐明事理、抒发感情，从而影响和感召听众的语言交际方式。

演讲是一种武器，它可以捍卫自己，让人取得竞争优势；演讲是一条途径，它可以培养人的能力，增强人的勇气；演讲是一种智慧，它可以表现演讲人的机智果敢、幽默诙谐。人们听了好的演讲，不仅能受到教育、丰富知识，而且可以得到理性上的启迪和情感上的愉悦。

演讲是传递及获取信息的有效途径，是求知与学习的良好渠道，是锻炼口才与扩大交往的有效方法。在现代社会中，演讲发挥着越来越大的作用，演讲已成为现代人素质教育中一项不可或缺的重要内容。

二、演讲的特点

演讲是演讲者在特定的时空环境中的说话形式，具有自身显著的特点。

（一）现实性

演讲是演讲者通过对社会现实的判断和评价，直接向广大听众公开陈述自己的主张和看法的实际活动，具有现实性。一方面，演讲选取的题目多涉及社会现实问题，选用的材料都是真实的而非虚构的，演讲者依据概念、判断、推理来传递信息；另一方面，演讲者走上讲台后仍然是现实生活中的自己，以其本来面貌出现在讲台上，并畅所欲言。

演讲是以“讲”为主，以“演”为辅，是演讲者根据所要表达的思想、情感的需要进行现实的、真实的“讲”；有节制、有限度的“演”，“演”是为“讲”服务的。

（二）艺术性

演讲是演讲者通过有声语言和态势语言呈现的一种艺术活动，具有艺术性。一方面，演讲的许多环节（如选题、开场、布局、有声语言的运用、态势语言的运用等）都需要艺术处理，并通过“演”这种形式，借助声音、表情、动作来加强演讲的生动性；演讲还要求演讲者说话字正腔圆、抑扬顿挫、悦耳动听。另一方面，演讲具有其他艺术的一些特点或因素。例如，演讲者在讲台上演讲，常常借鉴话剧、曲艺等文艺形式的表演程式。具有艺术性的演讲会吸引听众，引起听众的共鸣，最终取得成功。而那些无艺术性的演讲往往会以失败告终。

拓展阅读

演讲的目的

（1）演讲的宏观目的。从总体上看，演讲的宏观目的就是演讲者与听众达成共识，使听众改变态度，身体力行，推动某些事情向良性发展。演讲无论是宣传自己的政治主张、观点，还是传播伦理道德思想、传授科学文化知识和技艺，都是为了让听众同意自己的主张、观点和立场以取得共识，并在此基础上激发听众采取实际行动，向着理想境界迈进。

（2）演讲的微观目的。由于演讲者的职业、专业、经历等多种因素都不同，所以演讲的目的、内容也有所不同。例如，闻一多在昆明做《最后一次演讲》的目的是揭露和痛斥敌人、鼓舞听众、发展民主运动；而有的人的演讲则是为了向广大青年进行理想、道德等方面的教育。因此，从微观上看，每位演讲者的每一次演讲都有不同的目的。

（三）综合性

演讲是一种综合性的说话形式。演讲是写与说的综合，是讲和演的综合，是演讲者各种知识、能力和素质的综合，是各种表达手法、技巧的综合，是演讲者和听众思想、情感的融合。

演讲活动必须具备三个条件，即演讲者、听众及二者共处的时境。演讲者在演讲活动中处于主体地位，为了使演讲获得成功，演讲者必须做充分的准备，能够驾驭整个演讲活动，随时调控演讲中出现的各种意外情况。这就要求演讲主题具有正确的思想观点，演讲者具有高尚的道德品质、较高的语言素质、良好的主体形象和得体的态势语言。只有这样，才能使演讲声情并茂、深入人心。

（四）鼓动性

演讲的鼓动性是指演讲能激起听众的共鸣，唤起听众的热情，促使听众积极行动。有无鼓动性是检验一次演讲成功与否的重要标志。成功的演讲必须能够扣动听众的心弦，激发听众的情感，从而影响其态度和行动。

演讲一定要有鼓动性。演讲者传播的真善美，契合一切正直的人对其的追求及渴望，自然会激励和鼓舞听众的心。演讲者在演讲时与听众直接交流，以自己炽烈的感情去感染听众，极易与听众产生共鸣。演讲者的形象、语言、情感、态势及演讲词的结构、节奏、情节等均能抓住听众。很多著名的政治家都是很好的演说家，他们往往借助自己出色的演讲，为自己的政治生涯铺路。

（五）工具性

人类有两大基本能力：一是说的能力，二是写的能力。演讲是说的能力之一，是人类两大基本能力之一。

演讲是一门科学，更是一个工具，是人们交流思想的工具。任何思想、任何学识、任何发明和创造，都可以借助演讲这个工具来传播。可以说，演讲是最经济、最实用、最方便的传播工具。

三、演讲的分类

由于身份不同，演讲目的有别，演讲内容、方式、场地各异，演讲者所面对的听众也形形色色，因此，演讲的分类标准不同，演讲的类型也呈现多样性的特点。

（一）按演讲主题与内容的不同分类

按演讲的主题与内容，演讲可分为政治演讲、学术演讲、礼仪演讲、军事演讲、法庭演讲。

1. 政治演讲

政治演讲是一种高度严肃的演讲，具有鲜明的思想性、严密的逻辑性和强烈的鼓动性。政治演讲是一种针对国内外的政治问题与现实生活中的思想认识问题进行分析、评论，阐明和宣传某种政治观点与主张的演讲，主要包括外交演讲、就职演说、集会演讲、宣传演讲等。凡是为了一定的政治目的，出于某种政治动机，就某个政治问题及与政治有关的问题而发表的演讲均属此类。例如，毛泽东的《中国人民站起来了》，丘吉尔的《和平砥柱》（即“铁幕演说”），密特朗的《希望》，等等。

2. 学术演讲

学术演讲是指演讲者就某些系统而专业的知识所做的专题讲座、学术报告和科学报告等。学术演讲运用的范围比较广泛，要求演讲内容体现科学性、系统性和独创性。学术演讲可分为哲学社会科学类和自然科学类演讲。学术演讲具有严密的科学性、独到的见解性和语言的论证性等特色。例如，央视科教频道的《百家讲坛》，凤凰卫视中文台的《世纪大讲堂》，等等。

拓展阅读

百家讲坛

《百家讲坛》是中央电视台科教频道2001年7月9日开播的讲座式栏目，至今开播近20年，作为一个"老牌"节目，《百家讲坛》没有故步自封，而是时刻紧跟时代步伐，一贯坚持"让专家、学者为百姓服务"的宗旨，在专家、学者和百姓之间架起一座桥梁——"一座让专家通向老百姓的桥梁"，从而达到普及优秀中国传统文化的目的。栏目选材广泛，涉及文化、生物、医学、经济、军事等各个方面，现多以文化题材为主，多涉及中国历史、中国文化。

3. 礼仪演讲

礼仪演讲，通常指在公众节庆日或国家、社团、个人重要仪式和庆典上做的讲话，既包括欢乐愉快的节庆演说、迎新演讲、联欢演说、开业演说、婚礼演说、祝寿演说、开幕词、闭幕词、祝酒词、颂词等，也包括悲伤难过的悼词、祭词、纪念演说、告别演说等。例如，恩格斯的《在马克思墓前的讲话》，雨果的《巴尔扎克葬词》，等等。

4. 军事演讲

军事演讲，是以思想教育、部署动员为主要目的，以战争为中心内容，集思维方式、语言表达、科学发展、态势辅助为一体的演讲，是一项目的性、功效性极强的宣传教育活动。常见的军事演讲形式主要有会议演讲、队前演讲、专题演讲、即兴演讲、战前动员演讲等。例如，海明威的《作家和战争》，罗素的《置人类于末日还是弃绝战争》，等等。

5. 法庭演讲

法庭演讲是演讲艺术中最古老的形式之一，这类演讲主要用于法庭控告、法庭申述、法庭辩护，诸如起诉发言、辩护发言等。法庭演讲，具有绝对的客观性、充分的论据、详尽的旁证和雄辩的逻辑力量等特点。法庭演讲获得成功的必要条件是客观事实。

拓展阅读

演讲与讲课

演讲与讲课有很多相似的地方。在形式上，演讲与讲课都是一个人面对一群人讲话，这一个人需要用多种方法使听众集中注意力；在内容上，演讲与讲课都有目标、结构、故事、数据等要求。但实际上，演讲与讲课有很大的区别。

(1)演讲与讲课的技巧不同。演讲者为了宣传自己的主张，表明自己的态度，要灵活运用演讲技巧以取得理想的演讲效果。教师讲课是为了传道授业解惑，教师讲课所进行的语言表达更注重规范性、科学性和启发性。

(2)演讲与讲课的互动程度不同。善于演讲的人，能让现场听众或热血沸腾，或低头沉思，让听众与自己产生强烈的共鸣，引导听众进行深入的思考。讲课传授的是理性的内容，更注重与听众进行问题的深入探讨。

(3)演讲与讲课的节奏不同。演讲的节奏沿着演讲者的设定轨道进行，而讲课的节奏需要考虑学生的接受情况适时进行调整。

（二）按演讲表达形式的不同分类

按演讲表达形式的不同，演讲可分为陈述型演讲、论辩型演讲、主情型演讲和鼓舞型演讲。

1. 陈述型演讲

陈述型演讲是一种叙述事件发生经过、缘由、人物生平事迹的演讲，也叫叙述式演讲。它主要用于报告某一地区、某一单位的政治、经济、文化发展情况，某项工作开展情况，参观访问、参加会议的情况及某人或自己的生平事迹等。陈述型演讲是“主识”型的演讲，目的是使人“知”。它的内容决定了它不容演讲者在思想和艺术方面做更多的创造，而必须是从客观事实出发加以发挥。

2. 论辩型演讲

论辩型演讲是一种运用逻辑手段证明演讲者所提出的论点令人信服的演讲，也叫议论式演讲。它可分为立论和驳论两种，前者以立为主，后者以驳为主。但无论是立论还是驳论，辩中不可少论，论中不可少辩。论辩型演讲是“主劝”型的演讲，目的在于把理说通、说透，令人信服。

3. 主情型演讲

主情型演讲是一种以抒发演讲者的主观情怀为主，融情于理，融情于事，情、理、事交融，以情动人的演讲，也叫抒情式演讲。

4. 鼓舞型演讲

鼓舞型演讲，是指通过演讲者的意志营造一种磅礴的气势，鼓励、动员、号召听众接受演讲者所提倡的理念，从而激发其行动的激励式演讲。它通常用于鼓励人们参加某一行动、从事某一事业等，如战争动员、救灾动员等。

（三）按演讲活动方式的不同分类

按演讲活动方式的不同，演讲可分为命题演讲、即兴演讲和辩论演讲。

1. 命题演讲

命题演讲，是根据组织者事先规定的主题范围，在有准备的基础上，所做的主题突出、内容系统、结构完整、要求全面的演讲。它包括竞赛命题演讲、会议专题演讲和学术专题演讲三类。

智慧故事

郁达夫做演讲

有一次，郁达夫应邀前去做专题演讲。他走上讲台，写下“快、短、命”三个大字。台下听众瞪大了眼睛，不明白这是什么意思。只听郁达夫说道：“我今天演讲的题目是“文艺创作的基本概念”，黑板上的三个字是要诀。‘快’就是痛快，‘短’就是精简扼要，‘命’就是不要偏离命题。演讲和作文一样，不可以说得天花乱坠、离题太远。完了。”郁达夫从写字到演讲结束，总共用了不到两分钟的时间，真可谓是“快、短、命”。

2. 即兴演讲

即兴演讲是指演讲者事前无准备，由于受某一环境氛围或某一主题的诱发而临时发表的演讲。它包括政治生活、工作事务中的即兴演讲和比赛、答辩等场合的即兴演讲。

3. 辩论演讲

辩论演讲是指对某一事物持有不同观点的双方，在同一个演讲环境中所进行的以坚持本方观点、批驳对方观点为宗旨的演讲。它包括日常辩论演讲、专题辩论演讲和赛场辩论演讲。

四、演讲的构成要素

并不是所有的讲话都是演讲，能确定为演讲的讲话活动必须具备演讲主体——演讲者、演讲客体——听众、演讲载体——语言和演讲环境四个要素。

（一）演讲主体——演讲者

演讲者是演讲的内容和形式的体现者，是演讲活动的中心，对演讲活动的成功起决定作用。没有演讲者出现，演讲活动便不能构成。因此，选择和确定演讲者，是组织演讲活动的重要环节。

演讲者应具备高尚的品质，正所谓“其身正，不令而行；其身不正，虽令不从”。一个具有高尚道德水准的演讲者更容易引领听众恪守社会道德规范。

演讲者应具备丰富的学识，这不仅是“传道、授业、解惑”的需要，也是演讲成功的基本条件。纵观历史，非凡的演说家大都是才高八斗、学富五车的人，他们在演讲过程中引经据典、旁征博引，使整个演讲极具说服力与感染力。

演讲者应具备良好的口头表达能力，这是一个优秀演讲者必须具备的基本能力，演讲语言必须清晰、流畅、抑扬顿挫。没有良好的口头表达能力的人是不可能成为演讲者的。

（二）演讲客体——听众

听众是演讲的接收者、对象和演讲效果的体现者，是演讲必不可少的有机组成部分。听众既包括演讲者演讲时面对面的现场听众，也包括现代广播、电视演讲的非现场的间接听众。

没有听众无所谓演讲。听众是演讲的积极参与者。听众在演讲过程中的作用大致有两个方面：一方面，听众能够主动地接收演讲信息；另一方面，听众会对演讲者输出的信息进行反馈。听众的表情、行动、语言等都可作为信息反馈给演讲者。而且，听众并非被动信息的接收者，而是演讲活动的积极参与者。听众在整个演讲活动中是相当活跃的积极因素。如果没有与听众的交流，演讲者就成了一台讲话的机器，必然不能获得理想的效果。

视频
八个方面了解听众

拓展阅读

演讲内容的五要素

演讲内容有五个要素：故事、打比方、幽默、金句、数据。

故事是演讲必不可少的一环，没有故事的演讲会变得有些空洞。演讲的故事有三个方向：自己的故事，熟悉领域里的陌生事，全新领域里的故事。

打比方就是做隐喻，即用另外一个听众熟悉的模式来讲。很多时候人们不愿意主动去接受新的事物，我们会恐惧自己的无知。所以给听众讲其知道的东西就可以让听众欣然接受。

虽然在演讲中不建议说笑话，但可以说好笑的话，这个对于演讲者和听众双方都有利，听众会感受到放松和有趣味，演讲者也不用考虑听众没笑的后果，因为这是演讲浑然天成的一部分。

演讲需要用金句来升华主题。主题金句是指被压缩过的信息，没有主题的演讲会慢慢走偏，没有重点。

演讲需要可靠、有效和可视的数据，有说服力的数据往往会支持演讲者的观点。

资料来源：https://www.sohu.com/a/163066746_99957501.（有改动）

（三）演讲载体——语言

演讲以语言为载体。演讲是语言的艺术，离开了语言，演讲者就如同打仗失去了手中的武器。语言运用得不好，演讲也难以成功。

这里所指的语言包括有声语言和态势语言。有声语言是演讲活动最主要的表达手段，由语言和声音两种要素构成，以流动的声音运载思想和情感，直接诉诸听众的听觉器官。有声语言要求演讲者吐字清楚、准确；声音清亮、圆润、甜美；语气、语调、音色、节奏富于变化。态势语言是指演讲者的姿态、动作、手势和表情，是流动着的形体动作，辅助有声语言运载着思想和感情，直接诉诸听众的视觉器官。态势语言如果运用得好，能增强演讲效果，使演讲充满活力。运用态势语言时，应注意适当地把握一个度，使人感到真实、自然、亲切而没有做作感。

（四）演讲环境

时间与空间是演讲活动赖以进行的客观条件，是演讲者和听众构成特定关系的场合，对演讲活动能否顺利进行具有直接制约作用。

上述四个要素相互配合，构成了演讲活动的整体，缺少了哪一个要素也不能构成演讲。

第二节　口才基础知识

一、口才的含义

概括地讲，口才就是说话的才能，是指说话者在某种场合面对听众时，能够通过口语条理清楚、词句妥帖、巧妙有趣地准确表述思想的一种能力。口才是一个人智慧的反映，是影响一个人事业成功、人际关系和谐、生活幸福的重要因素，是一种自身拥有且永不过时的基本能力。

“口才”一词可以追溯到距今 3 000 年左右的周朝，《孔子家语·七十二弟子解》称：“宰予，字子我，鲁人，有口才，以言语著名。”可见我国自古以来就有重视语言表达能力的传统，并已充分认识到口头表达在安邦定国、社会交际中的作用。《战国策》中云：“一人之辩，重于九鼎之宝；三寸之舌，强于百万之师。”这充分彰显了口才的魅力与威力。

有人说，当今世界有三大“武器”——原子弹、计算机和口才。在现代社会活动中，善于言辞对每个人的事业和生活都裨益无穷，因为参加或主持活动、商务谈判需要口才，接受采访、鼓励员工需要口才，凝聚人心、化解矛盾需要口才，宣传动员、发表意见需要口才，汇报工作、竞争职位需要口才，工作述职、问题解释需要口才，情况说明、项目介绍需要口才，自我推销、面试求职需要口才……

每个人每天都在说话，但并不是每个人都会说话。一个会说话的人与他人交流，运用语言会准确得体、巧妙有趣、有条不紊、对答如流、一针见血，正所谓“慧于心而秀于口”，掌握口才这门艺术能让人在竞争中抓住机遇。

智慧故事

说话的艺术

朱元璋出身贫寒，小时候就在家放牛。朱元璋称帝后，他的一个少年伙伴来京找他，想讨一个好差事。朱元璋很想见这个伙伴，但又担心他说出不合时宜的话，犹豫再三后，还是决定见一下这个伙伴。这个人一进入大殿，就大礼下跪，三呼万岁：“我主万岁，当年微臣随驾扫荡芦州府，打破罐州城。汤元帅在逃，拿住豆将军，红孩子当关，多亏菜将军。”朱元璋见他说话委婉含蓄，心里很高兴，再想到少时在一起饥寒交迫时“有难同当”的情景，心情很是激动，当即封了好友一个官职。

此消息传到民间后，当时与他们一起放牛的另一个伙伴也找了过来，他见到朱元璋，高兴极了，站在金銮殿上指手画脚地说：“万岁，你不记得吗？那时候咱俩都给人家放牛。有一次，咱们在芦苇荡里把偷来的豆子放在瓦罐里煮，还没等煮熟大家就抢着吃，把罐子都打翻了。豆子撒了一地，汤也流进了泥里。你只顾抓地上的豆子吃，结果把红草根卡在喉咙里，最后吞了青菜叶子才没事的……”

朱元璋没等这个人说完，就下令把他赶出去了。

二、口才的特点

口才具有目的性、灵活性和综合性的特点。

（一）目的性

口才的目的性是指说话者的主观意图。口才是一种有意识的交际活动，是为了实现特定的交际目的而进行的。说话者的每一句话都应该做到有的放矢，说话人必须始终瞄准目标，注意言语信息的传达与反馈，要做到“言传心声，言随旨遣”。口才的发挥离不开明确的意图和说话动机，如能不能说、为什么说、说给谁、有什么效果。如果目的不明确，说话者就很难把控要表达的中心内容，因而起不到应有的效果。

使用口才的目的多种多样，概括来说，大致包括明了、说服、感动、拒绝、反驳和赞许六种。明了是指让听者懂得所传递的信息或明白、理解所不知晓、不了解的事情；说服是指让听者在弄懂对方思想观点、立场看法的基础上接受对方的观点并信服，同时能产生相应的行动；感动是指让听者随着讲说者的表达而产生情感、心境的变化，同悲同喜、同忧同乐，产生心灵相通、情感共鸣的效应；拒绝是指让听者明白自己的观点、看法、要求，但表示出不被接受，拒绝是一种逆向交流，尤其需要讲究方式与技巧；反驳是指指出对方观点、要求的不合理乃至荒谬性；赞许是指认为对方的表达正确而加以称赞。

智慧故事

庄周借粮

庄周是战国时期著名的思想家，他一生过着清贫的隐居生活。有一天，庄周的家里又揭不开锅了，妻子一再催促他出去想办法。庄周无奈，于是决定到监河侯那里去借点粮食，以解燃眉之急。

事不凑巧，监河侯正在忙着收拾行装准备外出，见到庄周连忙寒暄：“多日不见，庄兄大驾光临，不知又有何见教？”庄周直截了当地讲明了来意。监河侯说：“借粮之事好商量。我正要出城收租，等我收租回来，再借你300两银子吧。”说完，就要动身上路。

庄周听了监河侯的回答，心里又气又急。心想，你到城里来回一趟要半月之久，等你回来，我一家老小岂不是全饿死了吗？好在庄周的口才很好，远近闻名，他略微思索了一下，对监河侯说：“仁兄且慢，你陪我喝完这杯茶再走好吗？”监河侯无奈，只好又坐了下来。

庄周一边喝茶，一边对监河侯说：“昨天，我在离家来你处的路上，听到有呼救的声音。于是四处张望，却并没有看到有什么异样的情况，最后，在路旁的一道干水沟里发现一条快要死的小鱼，在那里张大嘴呼救。于是我问它：‘小鱼呀小鱼，你从哪里来，怎么变成这个样子了呢？’小鱼回答我说：‘我从东海来，现在快要干死了，你能不能给我一桶水，救我一命呢？’我回答它说：‘要水吗？这好办，你等着，我去见越国和吴国的大王，请他们设法堵住西江的水，然后，把西江的水引来迎接你回东海，好吗？’小鱼听了很生气地说：‘我在这干水沟里快要干死了，只要一小桶水就能活下去。照你的打算，等到西江水引来的时候，我早变成鱼干了。’”

听了庄周的这些话,监河侯羞得满脸通红,立即吩咐家人,到粮仓装了一袋粮食借给庄周。庄周接过粮食,谢过监河侯,兴冲冲地回家了。

(二)灵活性

在口语交际时,情形往往较为复杂,说话者为实现特定目的,在因人、因事、因物、因景而进行的讲说中,必须会灵活、机智地选用特定的表达方式和技巧以切合语言内容,切合特定语境,切合自己的身份和交际对象的特点。演讲者只有利用高度灵活性的表达,才能创造出效果良好的口才佳品来,否则将会适得其反。

(三)综合性

口才不是口若悬河,不是空洞无味的废话堆积,良好的口才是一个人素质和能力的综合反映。一个口才好的人,要有广博的知识,能够言之有物、旁征博引、有理有据;要有敏锐的观察能力,能深刻地认识事物,准确地理解事物;要有辩证的科学思维,能进行全面的分析、准确的判断、合乎逻辑的推理;要有良好的应变能力和风趣幽默的个性。

一个人的素质、能力等个性特征直接决定了其口才的优劣、风格,甚至社会价值。素质主要包括思想境界、道德情操、知识学问和天赋秉性。能力则主要包括观察能力、思维能力、决断能力、记忆能力、表达能力、交际能力和应变能力。个人素质和综合能力的形成,需要一定的文化储备,并在特定的语境中,通过想象和联想、发挥和创造,为个人提供讲话材料和讲话方式,从而实现口语表达的目的。

拓展阅读

口语交际与说话的区别

(1)口语交际是说话的一种特殊形式。说话可以是个体行为,也可以是个体与个体、个体与群体之间的互动行为。口语交际是说话的一种形式,它具备说话的基本结构,同时又是特殊的说话现象。它是在人与人交往的特定语境中,听、说双方运用口头语言传递信息、交流思想、沟通感情的一种活动。口语交际一般是在非正式谈话场合进行,使用随意语体。说话主要有两种情景语境:一种是正式的、庄重的场合,一种是比较随意的交谈。因此,说话可以使用正式语体,也可以使用随意语体。

(2)口语交际基于理解而产生。说话更多地注重表达,较少考虑环境的差异和语言的选用。口语交际双方所使用的中介手段(口语)一定要彼此都能够理解。理解是口语交际得以延续的基础,也是口语交际是否有效的前提。

（3）口语交际有赖于交际双方的互动。说话可以在听、说双方之间进行，也可以是说话者的个体行为。口语交际需要人与人之间的往来接触，因此，口语交际应当是一个听、说双方你来我往、你应我和的信息交流过程。交际双方通过不断地表达信息、理解信息，使话题顺利延续。说者要根据听者的情绪变化及时调整自己的语言材料和语调语气，听者应当根据说者的表述及时做出相应的应答。在这一过程中，听者和说者的地位不是一成不变的，而是随着话题的展开不断地发生变化。交际双方只有在互动的过程中才能保持信息通道的畅通。

三、口才的作用

（一）好口才能够带来好生活

口才艺术在当今经济生活的诸多领域都发挥着极为重要的作用。公关口才是公关人员演讲、论辩中不可缺少的一项技艺；谈判口才是商务活动中有效谈判的一项重要因素；营销人员的口才，在很大程度上决定着工作的成效；导游人员的口才，在旅游事业发展中起着至关重要的作用。

（二）好口才能够带来发展机遇

口语表达能力是现代人必备的一种基本能力。好口才不仅能增加自信，同时也会感染每一位听众。可以说拥有好口才是成功的前提条件之一。人可以“一言而胜”“一言而败”。现实生活中，事业有成的人，绝大多数都具有良好的口才，而且口才越好，其活动天地就越大，成就也就越突出。

（三）好口才能够造就融洽的人际关系

好口才能让人产生愉悦感，从而使说话者获得他人的尊敬：可以使相互熟识的人之间情感更浓、更深；可以使陌生的人相互产生好感，结下友谊；可以使意见分歧的人互相理解，消除分歧；可以使彼此怨恨的人化干戈为玉帛，友好相处。所以说，好的口才就是好的人际关系的保障。

四、良好口才的形成

（一）口才的智能结构

口才并不是一种天赋的才能，它是靠刻苦训练得来的。古今中外，历史上一切口若悬河、能言善辩的演讲家、雄辩家，他们无一不是靠刻苦训练而获得成功的。口才是恰当的语言与熟练的应用技巧的结合，因此，“能说话”只是形成口才的一种基本条件，“会说话”“说得好”才是口才的关键。

有学者认为，口才的智能结构（见图 1-1）好似一座“金字塔”，在这座“金字塔”上，又宽又厚的塔基是知识积累，它包括知识素养、品德修养、心理素质等；塔身是思维能力，它包括思辨能力、想象力和应变能力；塔顶则是口语表达能力。

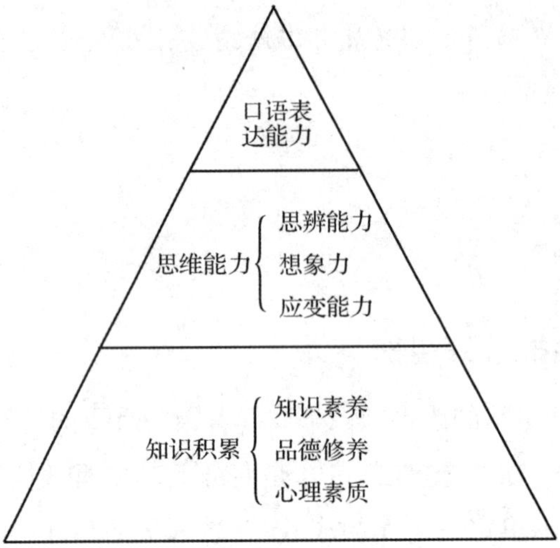

图 1-1　口才的智能结构

在这三个层次中，知识积累、思维能力属于一个人的内在素质修养，是通过后天努力提炼、升华、积淀而成的，须借助口语表达能力才得以外现；口语表达能力的提高必须从素质修养入手。只有三个方面相互配合，才能做到能言善辩、字字珠玑、左右逢源。

智慧故事

林肯练口才

林肯是美国第 16 任总统，他是闻名于世的大演讲家。林肯天生说话有口吃，但是当他立志要做律师之后，就深深了解了口才的重要性。他从青少年时代就开始了对演讲口才的刻苦练习，并做到了多看、多听。

林肯青年时当过农民、伐木工、店员、邮电员及土地测量员。为了成为一名律师，林肯常常徒步数小时到一个法院去听律师们的辩护词，看他们如何论辩、如何做手势，他一边倾听，一边模仿。他也会对着树、树桩、成行的玉米练习口才，经过不懈的努力，林肯终于成为一名雄辩的律师并最终踏入政界。

（二）口才的训练方法

1. 积累丰富知识

（1）注重阅读，增加知识储备量。从很大的程度上来讲，口才是“满腹经纶”“博古通今”等词的另一种称谓。拥有了丰富的知识，在和别人的谈话中就不会因为无知而自卑，谈吐间就会很自然地引经据典、旁征博引，所表达的内容也会十分高雅。假如胸无点墨，在陌生人面前也好，老朋友面前也罢，只有闷头静听的份，也就无法得到别人的关注。因此，在日常的生活中，要多注意阅读，注重知识的积累，看一些历史、哲学、文学、政治、美学之类的书，提高个人的修养，让自己达到“腹有诗书气自华”的境界。当你有了充足的知识储备之后，就会有充分的底气站在别人面前进行较高层次的谈论了。

（2）关注生活，加强生活积累。如果生活在封闭的圈子当中，就会孤陋寡闻、与世隔绝，也会和周围的人及环境失去联系。一个没有生活积累的人与别人说话的时候，往往会因为所谈话题与社会现实脱节而让人感到枯燥无味，从而使别人对他失去兴趣。而一个人如果具有丰富的生活积累，与他人交际就会非常顺畅，所以我们应关注生活点滴，积累更多与他人交谈的话题。

（3）关心政治，了解时事。我们处在一个与世界交流越来越频繁的时代里，报刊、电视、互联网传递着世界各地的政治事件和时事新闻。如果连续几天不看报纸、电视、不上网，就会有一种被世界抛弃的感觉。政治与时事和我们息息相关，如果一个人紧闭房门，“两耳不闻窗外事”的话，就会显得既缺少知识又没有趣味，可能会遭到别人下意识的排斥和嘲笑。

知识素养主要是通过学习积累而成的，只要我们抓住有利时机，系统地读书，不仅“精读”，而且“泛览”，就可以打下牢固的知识基础；同时，在社会生活中多学习，注意收集有关资料，个人的知识宝库就会越来越丰富，视野和胸襟也会越来越开阔。

2. 训练严密思维

思维是人脑对客观事物的一般特性和规律性的一种概括的、间接的反映过程。思维是在表象、概念的基础上进行分析、综合、判断、推理等认识活动的过程，而口语表达实质上是将思维过程和结果用口语的方式表述出来的过程。

思维能力主要包括逻辑思维能力、形象思维能力和灵感思维能力三种。逻辑思维是以提示和把握事物的内在本质为根本目的，依据一定的系统知识、遵循特有的逻辑程序而进行的思维活动。形象思维是通过感性形象，运用想象、联想等手段来把握事物的思维活动。灵感思维是一种通过某种潜意识直接把握对象的思维活动，是在人的知识经验积累的基础上，在目的明确、意识高度集中的思维中，在外界事物的影响和诱导下，产生形象、概念思维的快速撞击而出现的认识突变的思维过程，因而带有顿悟性、突发性和意外性。

思维能力的高低对口语表达的优劣、成败往往起决定性作用，主要表现为：思维的选择性和创造性制约着语言活动，思维的内容决定了语言表述的意义，思维的质量决定着语言表达的效果。

“语言是思维的物质外壳”，恩格斯在《自然辩证法》中既肯定了语言推动思维发展的作用，同时又强调“脑髓和为它服务的感官、愈来愈明白的意识以及抽象力和推断力的发达，对劳动和语言又起着反作用，给二者的进一步发展以一个常新的推动力”。

由此可见，语言的发展可以促进思维的发展，而思维的发展又可以反过来促进语言进一步发展。

3. 培养良好品德修养

“德”是指思想品质和道德观念，它包含世界观、人生观、价值观、审美观、幸福观、使命感、责任感等内容。不仅仅是在口才表达上，在其他领域，“德”的灵魂作用也是第一位的。一般来说，良好的品德修养应包括以下几方面。

(1) 崇高的理想信念。在当今时代，一个人要实现自己的理想，必须树立一个明确的人生目标。而无论你树立什么样的人生理想，都必须同祖国和人民的命运联系在一起，“以天下为己任”，将崇高的理想化为具体的行动。

(2) 高尚的道德情操。道德是依靠社会舆论、传统习俗、内心信念和典范教育的力量来调整人与人之间及个人与社会之间关系的行为规范的总和。对于一名大学生来说，只有具有热情真挚、认真踏实、与人为善、严于律己、先人后己、宽以待人、坚忍顽强、虚心好学等优秀品质，才会取得人际交往的成功。

(3) 优良的心理素质。优良的心理素质主要表现为热烈的情感、谦和稳重的性格、坚毅的意志。有了热烈的情感，才会激励自己去努力开拓未来，朝着自己的理想永不懈怠地奋力拼搏；有了谦和稳重的性格，才会遇事不急不躁，冷静客观地分析问题，从而产生人格吸引力；有了坚毅的意志，才会百折不挠、锲而不舍，最终实现自己的目标，领略成功的喜悦。

(4) 美好的仪表风度。仪表是一个人外在的综合特征，包括他的容貌、姿态、发型等。风度则是指一个人的气质、品位、文化素养等。美好的仪表风度，会增添言语魅力；自然潇洒的举止，会使人觉得轻盈舒畅；稳重大方的姿态，可让人觉得真诚可信；风趣含蓄的言谈，会让人觉得机灵巧智、平易近人；衣着整洁得体，会令人敬重和喜爱。

思考与练习

1. 谈谈演讲与其他语言艺术形式的区别。
2. 演讲有哪些特征？从形式上可划分为哪几种类型？
3. 口才对你有多重要？如何掌握口才这门艺术？

第二章 口语表达技巧

学习目标

(1) 掌握普通话语音的基础知识。

(2) 掌握普通话的读诵技巧。

(3) 能用标准流利的普通话进行声情并茂的朗诵。

情境导入

语言表达的感染力

诗歌是世界上最古老、最基本的文学形式，是一种阐述心灵的文学体裁。我国是诗歌的泱泱大国，是诗歌文化的滥觞之地。古人云："不学诗，无以言。"2013 年中央电视台"中秋诗会"，以"团圆、思念"为主题，分为"咏月""吟秋""望乡"三个篇章，采用诗歌朗诵的形式歌颂中华民族的传统文化节日。舞台上，平日理性大方、端庄优雅的电视主播，化身感性"诗人"，声情并茂地歌唱月亮、赞美爱情、怀念故乡。"中秋诗会"格调高雅，风格独特，具有很高的文化品位和审美价值。由此可见，语言表达的感染力是多么的重要。

资料来源：作者自编

第一节 普通话基础知识

一、普通话的含义

普通话是以北京语音为标准音，以北方方言为基础方言，以典范的现代白话文著作为语法规范,是规范化的现代汉语的标准语,是中华民族大家庭的共同语言。它不仅表现在语音、词汇和语法等各方面的规范性,同时还蕴含着中华民族文化博大精深与源远流长的内在品质。在现今世界公认的六大流通语言中,我国的汉语普通话正以其独特的魅力随同中国飞速发展的经济和日益攀升的国际地位而享誉全球。

二、普通话语音基础

(一) 音节和音素

1. 音节

音节是语音的自然单位。一般情况下,汉语中的一个字就是一个音节(儿化音除外),音节可以由一个音素组成,也可由多个音素组成。例如,天、地、人。

2. 音素

音素是构成音节的最小单位。通常,一个汉语拼音字母即为一个音素,普通话共有 32 个音素,并分为元音和辅音两大类。

(1) 元音音素有 10 个,分别是 a、o、e、ê、i、u、ü、-i(舌尖前元音)、-i(舌尖后元音)、er。

(2) 辅音音素有 22 个,分别是 b、p、m、f、d、t、n、l、g、k、h、j、q、x、zh、ch、sh、r、z、c、s、ng。

以上 32 个音素是构成普通话语音的重要材料,它们按照一定的拼合关系结合成 400 多个基本音节。由于汉字的字音和汉字的音节具有一致性,因此,正确熟练地掌握普通话音节,对学好普通话能起到事半功倍的作用。

(二) 声母和韵母

按照中国传统方法进行分类,汉语音节可分为声母和韵母两部分。声母在前,韵母在后。

1. 声母

汉语音节起头的辅音叫声母。普通话里共有 21 个声母(见表 2-1),即辅音音素 22 个字母中去除“ng”。零声母的音节没有声母。普通话的 21 个声母可以按照发音部位和发音方法来分类,掌握声母的发音部位和发音方法,能够帮助我们正确发音,避免读音错误或缺陷。

表 2-1 普通话声母总表

发音方法			唇音		舌尖前音	舌尖中音	舌尖后音	舌面音	舌根音
			双唇音	唇齿音					
塞音	清音	不送气音	b			d			g
		送气音	p			t			k
塞擦音	清音	不送气音			z		zh	j	
		送气音			c		ch	q	

续表

发音方法		唇音		舌尖前音	舌尖中音	舌尖后音	舌面音	舌根音
		双唇音	唇齿音					
擦音	清音		f	s		sh	x	h
	浊音					r		
鼻音	浊音	m			n			
边音	浊音				l			

(1) 按照发音部位不同,声母可分为 7 类。声母的发音过程一般要在口腔形成阻碍,不同的发音部位构成的阻碍方式和阻力大小不同,致使声母发音产生差异。

① 双唇音。用上唇和下唇形成阻碍,普通话声母里有 b、p、m 3 个音。

② 唇齿音。用上齿和下唇形成阻碍,普通话声母里只有 f 1 个音。

③ 舌尖前音。舌尖前音也叫平舌音,用舌尖和上齿背形成阻碍,普通话声母里有 z、c、s 3 个音。

④ 舌尖中音。用舌尖和上齿龈形成阻碍,普通话声母里有 d、t、n、l 4 个音。

⑤ 舌尖后音。舌尖后音也叫翘舌音,用舌尖和硬腭前部形成阻碍,普通话声母里有 zh、ch、sh、r 4 个音。

⑥ 舌面音。用舌面前部和硬腭前部形成阻碍,普通话声母里有 j、q、x 3 个音。

⑦ 舌根音。用舌根和软腭形成阻碍,普通话声母里有 g、k、h 3 个音。

(2) 按照发音方法不同,声母可从 3 个角度进行分类。

声母的发音方法主要有 3 种,分别是形成阻碍的方式、气流的强弱、声带振动与否。

① 按照发音形成阻碍的方式进行分类。按照发音形成阻碍的方式不同,声母可分为塞音、塞擦音、擦音、鼻音和边音。

塞音又称爆破音,声音比较短促。形成阻碍的上下唇闭塞,然后气流突然冲破阻碍,爆破发音。普通话里的塞音共有 3 组 6 个,分别是 b、p、d、t、g、k。

塞擦音兼有塞音和擦音的发音特点,可以说是先塞后擦。形成阻碍的发音部位闭塞,然后气流冲开阻碍,形成一道窄缝,气流从窄缝中挤出,摩擦成音。普通话里的塞擦音共有 3 组 6 个,分别是 j、q、z、c、zh、ch。

擦音是指形成阻碍的上下发音部位接近,形成一道窄缝,气流从窄缝中挤出,摩擦成音。普通话里的擦音共有 6 个,分别是 f、h、x、s、sh、r。

鼻音是指口腔中形成阻碍的发音部位闭塞,软腭下降,打开鼻腔通道,气流通过鼻腔而发声成音。普通话里的鼻音一共有 3 个,分别是 n、m、ng,其中 ng 不能充当声母,只能做韵尾。

边音发音时，舌尖与上齿龈接触，阻碍口腔中间的通路，使气流从舌头的两边流出。普通话里的边音只有1个，即l。

② 按照发音时气流的强弱进行分类。按照发音时气流的强弱，声母可分为不送气音和送气音两类，这两类音只存在于塞音和塞擦音中。

不送气音发音时呼出的气流比较弱。普通话里的不送气音有6个，分别是b、d、g、j、z、zh。

送气音发音时呼出的气流比较强。普通话里的送气音有6个，分别是p、t、k、q、c、ch。

③ 按照声带是否振动进行分类。按照声带是否振动，声母可分为清音和浊音两类。

清音是指声带不振动而发出的音，普通话声母里的清音共有17个，分别是b、p、f、d、t、g、k、h、j、q、x、z、c、s、zh、ch、sh。清音声母的本音音感较弱，一般把清音加上元音来发音，如b+o→bo，这叫作呼读音。

浊音是指声带振动而发出的音，普通话声母里的浊音共有4个，分别是m、n、l、r。

(3) 声母的发音训练。

① b 双唇　不送气　清　塞音

【例词】颁布　包办　宝贝　标本　辨别　奔波　半边　白布　褒贬　病变

② p 双唇　送气　清　塞音

【例词】批评　澎湃　匹配　琵琶　偏旁　偏僻　瓢泼　乒乓

③ m 双唇　浊　鼻音

【例词】买卖　秘密　美满　面貌

图文
声母绕口令

④ f 唇齿　清　擦音

【例词】方法　反复　仿佛　丰富　非凡　芬芳　发放　蜂房　防范

⑤ d 舌尖中　不送气　清　塞音

【例词】达到　等待　地点　大地　调动　道德　等待　抖动　电灯

⑥ t 舌尖中　送气　清　塞音

【例词】团体　疼痛　天堂　体态　探讨　淘汰　吞吐　厅堂　谈天

⑦ n 舌尖中　浊　鼻音

【例词】男女　南宁　奶牛　农奴　能耐　泥泞　恼怒

⑧ l 舌尖中　浊　边音

【例词】力量　理论　来历　流利　劳力　轮流　料理　冷落　罗列

⑨ g 舌根　不送气　清　塞音

【例词】公共　改革　规格　广告　骨干　桂冠　巩固　观光　高贵　故宫

⑩ k 舌根　送气　清　塞音

【例词】可靠　宽阔　可口　刻苦　坎坷　开垦　夸口　慷慨　苛刻

⑪ h 舌根　清　擦音

【例词】后悔　缓和　欢呼　黄河　浩瀚　浑厚　绘画　悔恨　和好

⑫ j 舌面　不送气　清　塞擦音

【例词】经济　解决　积极　接近　交际　究竟　紧急　借鉴　基金

⑬ q 舌面　送气　清　塞擦音

【例词】亲切　情趣　恰巧　请求　乞求　弃权　崎岖　求情　齐全　确切

⑭ x 舌面　清　擦音

【例词】学习　现象　小心　新鲜　虚心　休闲　下旬　相信　细小

⑮ z 舌尖前　不送气　清　塞擦音

【例词】自尊　罪责　宗族　总则　栽赃　造作　祖宗　藏族

⑯ c 舌尖前　送气　清　塞擦音

【例词】从此　参差　层次　草丛　猜测　粗糙　苍翠　摧残

⑰ s 舌尖前　清　擦音

【例词】思索　诉讼　色素　琐碎　松散　四散

⑱ zh 舌尖后　不送气　清　塞擦音

【例词】政治　真正　住宅　珍珠　主张　庄重　茁壮　专职　战争

⑲ ch 舌尖后　送气　清　塞擦音

【例词】出产　长处　乘车　城池　拆除　春潮　船厂　穿插

⑳ sh 舌尖后　清　擦音

【例词】事实　闪烁　舒适　山水　神圣　少数　手术　生疏

㉑ r 舌尖后　浊　擦音

【例词】仍然　软弱　容忍　荣辱　惹人　忍让

2. 韵母

韵母是汉语音节中声母后面的部分，是普通话音节中必不可少的成分。韵母主要由元音或元音加鼻辅音构成。普通话里共有 39 个韵母(见表 2-2)。如果说声母是字音准确的关键，那么韵母就是字音响亮、舒展、饱满的关键。按照元音结构数量的不同，韵母分为单韵母、复韵母和鼻韵母 3 类。

图文
韵母绕口令

表 2-2 普通话韵母总表

结　构	开口呼	齐齿呼	合口呼	撮口呼
单元音韵母	-i(前)、-i(后)	i	u	ü
	a	ia	ua	
	o		uo	
	ê			
	e	ie		üe
	er			
复元音韵母	ai		uai	
	ei		uei	
	ao	iao		
	ou	iou		
带鼻音韵母	an	ian	uan	üan
	en	in	uen	ün
	ang	iang	uang	
	eng	ing	ueng	
			ong	iong

(1) 单韵母。单韵母是由一个元音音素构成的韵母。普通话有 10 个元音，都可以充当单韵母。单韵母又可以分为舌面元音韵母和特殊元音韵母。

① 舌面元音韵母。

舌面元音韵母的发音取决于三个方面，即舌面的高低、舌面的前后、嘴唇的成圆程度。这里所说的舌面的高低前后指的是舌面最高点的位置。

按照舌面的高低，舌面单元音可分为高元音(i、u、ü)、半高元音(o、e)、半低元音(ê)、低元音(a)。

按照舌面的前后，舌面单元音可分为前元音(i、ü、ê)、央元音(a)、后元音(o、e、u)。

按照圆唇与否，舌面单元音可分为圆唇元音(u、ü、o)、不圆唇元音(i、e、a、ê)。

② 特殊元音韵母。

特殊元音韵母包括两类，一是-i(前)、-i(后)，二是 1 个卷舌元音韵母 er。

(2) 复韵母。复韵母又叫复元音韵母，是由 2 个或 3 个元音构成的韵母。复韵母的发音呈以下特点。

① 发音过程是滑动过程，而不是 2 个或 3 个元音的拼合。例如，“ou”不等于“o+u”，而是由 o 滑动到 u。

② 复韵母中的元音地位是有区别的，有 1 个元音是主要的，以它为主，发音比较清晰，这个元音叫作主要元音、韵腹。

③ 复韵母滑动的动程不一样，有长有短。例如，“ai”“ao”“ia”“ua”“iao”的动程长，而“ei”“ou”“ie”“uo”“uei”的动程短。

④ 普通话里的复韵母共有 13 个，依照韵母中主要元音（响音）的位置，复韵母又分为前响复韵母（ai、ei、ao、ou），后响复韵母（ia、ie、ua、uo、üe），中响复韵母（iao、iou、uai、uei）。

（3）鼻韵母。鼻韵母由元音和鼻辅音韵尾“-n”“-ng”构成，“-n”叫作前鼻韵尾，“-ng”叫作后鼻韵尾。

带前鼻韵尾的韵母有 8 个，分别是 an、en、in、ün、ian、uan、uen、üan。发前鼻韵尾韵母音的时候，舌尖接近上齿龈。

带后鼻韵尾的韵母有 8 个，分别是 ang、eng、ing、ong、iang、iong、uang、ueng。发后鼻韵尾韵母音的时候，舌根接近软腭。

（4）依据韵母开头元音的口形又把韵母分为 4 类，简称“四呼”。

① 开口呼韵母。开口呼韵母是指不是 i、u、ü 或不以 i、u、ü 开头的韵母。

② 齐齿呼韵母。齐齿呼韵母是 i 或以 i 开头的韵母。

③ 合口呼韵母。合口呼韵母是 u 或以 u 开头的韵母。

④ 撮口呼韵母。撮口呼韵母是 ü 或以 ü 开头的韵母。

（5）韵母的发音训练。

① a——舌面 央 低 不圆唇元音

【例词】发达 沙发 喇嘛 打岔 大坝 喇叭 哪怕 打靶

② o——舌面 后 半高 圆唇元音

【例词】薄膜 泼墨 默默 婆婆 磨破 磨墨

③ e——舌面 后 半高 不圆唇元音

【例词】客车 合格 色泽 特色 隔阂 车辙 乐得

④ i——舌面 前 高 不圆唇元音

【例词】集体 利益 笔记 习题 吉利 立体 力气 气息

⑤ u——舌面 后 高 圆唇元音

【例词】鼓舞 路途 逐步 部署 瀑布 图书 服务 初步

⑥ ü——舌面 前 高 圆唇元音

【例词】序曲 居于 语句 语序 区域 女婿 雨具 旅居

⑦ ê——舌面 前 半低 不圆唇元音

韵母 e 不和任何声母相拼，自成音节时只有一个汉字“欸”。

⑧ -i(前)舌尖 前 高 不圆唇元音

【例词】此次 自私 四次 私自 自此

⑨ -i(后)舌尖 后 高 不圆唇元音

【例词】实施 支持 实质 失职 史诗 指示

⑩ er——卷舌 央 中 不圆唇元音

er不能和任何声母相拼，只能自成音节，如儿、而、耳、饵、二等字。其中“二”的发音与其他字不同，舌面位置降低，开口度加大。

【例词】然而 偶尔 儿歌 耳机

⑪ 其他训练。

ai——白菜 海带 灾害 爱戴 买卖

ei——肥美 蓓蕾 配备 娓娓 飞贼 妹妹

ao——草帽 高潮 号召 跑道 报告 骚扰 糟糕 操劳

ou——欧洲 收购 守候 漏斗 丑陋 走狗 兜售

ia——加价 假牙 压价 恰恰 下家 下牙 家鸭

ie——结业 贴切 歇业 姐姐 别价 节烈 界别 切切

ua——挂画 耍滑 花袜 娃娃 刷刷 哗哗

uo——挪窝 过多 脱落 错落 骆驼 国货 硕果 火锅

üe——绝学 雀跃 约略 略略 决绝 雪月

iao——娇小 缥缈 标调 袅袅 小鸟 苗条 笑料 巧妙

iou——优秀 久留 牛油 绣球 悠悠 留有

uai——摔坏 怀揣 外快 乖乖 块块 外踝

uei——追尾 回味 归队 尾随 魁伟 水位

an——灿烂 蛮干 惨淡 栏杆 安然 谈判 淡蓝

en——根本 振奋 本分 门诊 分神 本身 门神

in——信心 辛勤 近邻 殷勤 拼音 民心 亲近

ün——均匀 军训 逡巡 芸芸

ian——简便 前线 鲜艳 前面 简练 眼帘 偏见

uan——贯穿 专断 转换 婉转 宦官

üan——源泉 轩辕 渊源 全权 圆圈 圆全

uen——昆仑 温顺 论文 温存

ang——钢厂 上当 苍茫 长廊 厂长 盲肠 商场 放浪

eng——丰盛 更正 风筝 萌生 蒸腾 整风

ing——宁静 命令 姓名 倾听 经营 情形 性情 零星

iang——想象 亮相 向阳 洋姜 将相

iong——汹涌 穷凶 炯炯 熊熊 汹汹

uang——状况 狂妄 装潢 网状 双簧

ueng——渔翁 蓊郁 瓮城 嗡嗡

ong——笼统 洪洞 恐龙 童工 孔融

(三)声调

声调是指一个音节发音时能区别意义的声音高低升降的变化形式。声调主要包括调值和调类。

1. 调值

调值是指声调的实际读法,一般调值用五度标记法表示(见图 2-1)。

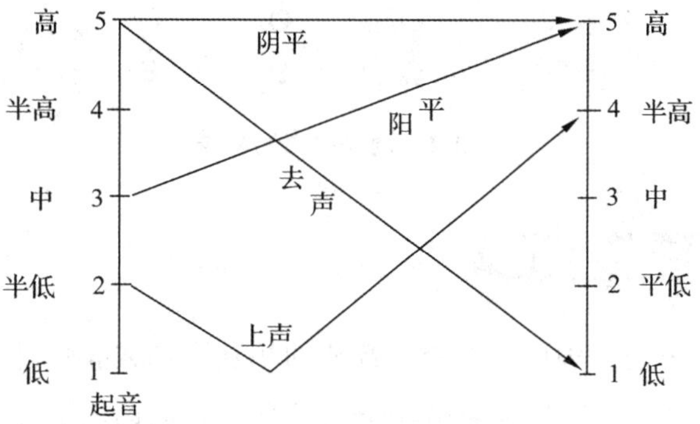

图文
声调练习

图 2-1 普通话调值五度标记

2. 调类

调类是指把调值相同的音节归并在一起而形成的声调类别。普通话的单音节共有 4 种调值,归并为 4 个调类,分别是阴平、阳平、上声、去声。

(1) 阴平——高平调。调值为 55,发音时,声带绷到最紧,始终没有明显变化,保持高音。例如:家、乡,天、空,鲜、花,声、音。

(2) 阳平——高升调。调值为 35,发音时,声带从正常状态开始逐渐绷紧,声音上扬到最高点。例如:人、民,和、平,学、习,灵、活。

(3) 上声——降声调。调值为 214,发音时,声带从略微紧张开始,然后立刻松弛下来,稍稍延长,再迅速绷紧,但不绷到最紧,有曲折变化之感,降的幅度小,升的幅度大。上声的音长在普通话 4 个声调中是最长的。例如:美、好,永、远,奖、赏,管、理,老、虎,洗、礼。

(4) 去声——全降声。调值为 51,发音时,声带从紧开始,到完全松弛为止,声音从最高迅速降到最低。去声的音长在普通话 4 个声调中是最短的。例如:上、下,世、界,创、造,电、动,重、大。

3. 调号

调号(见图 2-2)是汉字发声调值的表现形式。给汉字注音时,使用简易调号,其表示方法如下。

(1)“ ˉ ”为一声，即阴平。

(2)“ ˊ ”为二声，即阳平。

(3)“ ˇ ”为三声，即上声。

(4)“ ˋ ”为四声，即去声。

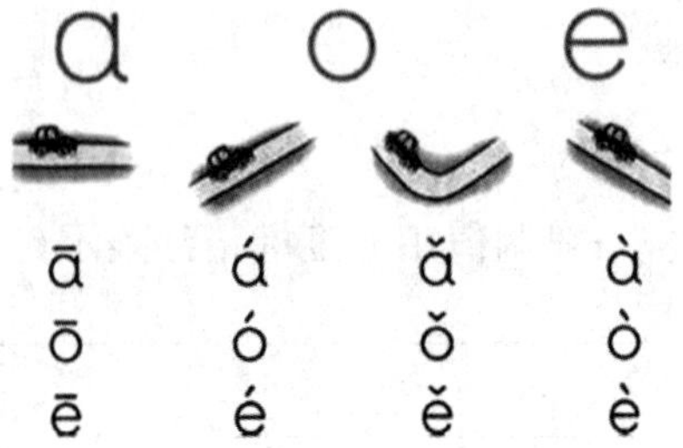

图 2-2　调号的书写标准

三、普通话的语流音变规律

人们在说话或朗读的过程中，由于相连音节的相互影响或表情达意的需要，有些音节的发音会发生程度不同的变化，这种现象就是语流音变。普通话的语流音变主要包括变调、轻声、儿化音规律和“啊”的音变。

(一) 变调

普通话单个音节都有固定的声调，但当它们组成多音节词语或者与别的音节连读时，有的音节的声调会发生变化，这就是在语流中产生的语音变化。普通话的变调主要表现为上声的变调、“一”的变调和“不”的变调。

1. 上声的变调

(1) 上声在非上声(阴平、阳平、去声、轻声)前面时，由原 214 调值变为 211 调值。

例如：

① 在阴平前：摆脱　指标　保安　往昔　喜欢　老师　北京　始终

② 在阳平前：谎言　体型　统筹　礼节　口才　草原　羽毛　曲牌

③ 在去声前：榜样　掌握　悔恨　板凳　努力　解放　等待　感谢

④ 在轻声(非上声音节形成的轻声)前：打算　嘴巴　妥当　祖宗

(2) 上声在上声前时，前一个上声变为阳平，调值为 35，即两上相连前变阳。

例如：党委　讲解　感想　管理　检举　展览　所以　美好　理想　舞曲

(3) 3 个上声音节相连在一起时，变调要根据词语的结构情况而定。

① 如果语意结构是(V1+V2)+V3 时，V1、V2 读 35 调值，即阳平，V3 不变。

例如:展览馆　导火索　管理者　洗脸水　选举法　手写体

② 如果语意结构是 V1+(V2+V3)时,V1 变为 211 调值,V2 变为 35 调值,V3 不变。

例如:好领导　党小组　小两口　海产品　厂党委　买保险　纸老虎

2."一"的变调

(1)"一"在单念或在词末尾时不变调(阴平)。

例如:二十一　第一　统一　唯一　专一

(2)"一"在非去声(阴平、阳平、上声)音节前面时,变为去声,读 51 调值。

① 在阴平前:一般　一天　一生　一边

② 在阳平前:一头　一直　一团　一条

③ 在上声前:一早　一手　一起　一体

(3)"一"在去声前面变为阳平。

例如:一道　一半　一切　一致

(4)"一"在词语中间读轻声。

例如:听一听　看一看

(5) 成语练习。

例如:一心一意　一粥一饭　一颦一笑　一五一十　一丝一毫　一朝一夕

一见如故　一事无成　一念之差　一言为定　一表人才　一网打尽

3."不"的变调

(1)"不",单读或在句末时读原调(去声)。

例如:"不,我不。"

(2)"不"在阴平、阳平、上声前面也读去声。

例如:

① 在阴平前:不安　不惜　不公　不该

② 在阳平前:不成　不凡　不及　不妨

③ 在上声前:不齿　不只　不许　不法

(3)"不"在去声前面变为阳平。

例如:不外　不幸　不适　不但

(4)"不"在相同的两个词语中间读轻声。

例如:冷不冷　快不快　好不好　着急不着急

(5) 成语练习。

例如:不伦不类　不干不净　不闻不问　不屈不挠　不即不离　不偏不倚

不谋而合　不毛之地　不可思议　不翼而飞　不共戴天　不速之客

（二）轻声

普通话的每个音节都有它的音调。轻声是指音节在一定场合里失去原调，变成了一种既短又轻的调子。

1. 普通话中读轻声的分类

（1）助词一般读轻声。

① 结构助词“的、得”。例如：好得很、我的。

② 时态助词“着、了、过”。例如：说着、跑了、放过。

③ 语气助词“吧、吗、呢、啊”等。例如：走吧、去吗、问谁呢、不行啊。

④ 名词、代词的后缀“子、们 、头、儿”等。例如：桌子、我们、石头、女儿。

（2）名词、代词后的方位名词“上、下、里、边”等。例如：楼上、床下、家里、外边。

（3）动词、形容词后的趋向动词“去、来、起来”等。例如：离去、过来、好起来。

（4）重叠动词的末一个音节。例如：看看、写写、读读。

（5）重叠的亲属称谓末一个音节。例如：爸爸、哥哥、爷爷。

（6）量词中的“个、些”等。例如：几个、一些。

（7）动词的某些结果补语。例如：站住、打开、关上。

（8）部分四音节词语的衬字。例如：糊里糊涂、黑不溜秋、丁零当啷。

（9）重叠动词或形容词中的“一”“不”。例如：动一动、好不好。

普通话中不少双音节的后一个音节，在习惯上念轻声，这些词规律性不强，方言区的人在学习和掌握上有较大的困难；并且大部分双音节的轻声调不起区别意义的作用，在日常学习中应多加积累。例如：巴结、裁缝、耷拉、风筝、高粱、灯笼、聪明、朋友等。

2. 四字短语练习

例如：他的师傅　关上抽屉　干净衣服　天上星星　打个比方　擦擦玻璃

（三）儿化音规律

1. 儿化原则

（1）韵母最后一个因素是 ɑ、o、e、ê 、u 的，直接加卷舌动作，见表 2-3。

表 2-3　儿化音示例(1)

发　音	示　例
ɑr	打杂儿　那儿　价码儿　渣儿
or	土坡儿　水波儿　粉末儿
er	模特儿　秧歌儿　小哥儿　风车儿

续表

发　音	示　例
iêr	小蝶儿　台阶儿　一些儿　小街儿
üêr	空缺儿　丑角儿
ur	主儿　水珠儿　白兔儿　腿肚儿
iar	豆芽儿　一下儿　纸匣儿　咱俩儿
uar	大褂儿　年画儿　红花儿　小娃儿
uor	大伙儿　蝈蝈儿　被窝儿　书桌儿
aor	口哨儿　岔道儿　走道儿　早早儿
iaor	豆角儿　走调儿　小鸟儿　面条儿
our	死扣儿　裤兜儿　奔头儿　老头儿
iour	很油儿　短袖儿　小妞儿　皮球儿

(2) 韵尾是 i、n 的韵母，丢掉韵尾，主要元音加卷舌动作，见表 2-4。

表 2-4　儿化音示例(2)

发　音	示　例
air	锅盖儿　车牌儿　鞋带儿　小孩儿
uair	一块儿
eir	摸黑儿　椅子背儿　倍儿(棒)
ueir	滋味儿　墨水儿　配对儿　一会儿
anr	笔杆儿　花篮儿　脸蛋儿　花瓣儿
ianr	心眼儿　一点儿　坎肩儿　扇面儿
uanr	好玩儿　撒欢儿　猪馆儿　公园儿
üanr	烟卷儿　出圈儿　人缘儿　胶卷儿
enr	够本儿　刨根儿　刀刃儿　走神儿
uenr	打盹儿　冰棍儿　胖墩儿　花纹儿

(3) 韵母是 i、ü 的，在原韵母后加 er。

例如：玩意儿　小曲儿　有趣儿　针鼻儿

(4) in、ün 韵母，在原韵母后加 er。

例如：送信儿　卖劲儿　小军儿

(5) 韵母是 -i(前)、-i(后)的，丢掉原韵母，加 er。

例如：顶事儿 枪子儿 铜子儿 树枝儿

(6) 韵母是 ng 的，丢掉原韵母中的 ng，主要元音变鼻音并卷舌。

例如：相框儿 蛋黄儿 麻绳儿

2. 绕口令练习

进了门儿，倒了水儿，喝了两口运运气儿。顺手拿起小唱本儿，唱一曲儿，又一曲儿，练完了嗓子我练嘴皮儿。绕口令，练字音儿，还有单弦牌子曲儿。小快板儿，大鼓词儿，又说又唱我真带劲儿！

(四)"啊"的音变

"啊"作为语气词单念，随语气和感情的变化，有多种念法。"啊"在句末表示各种不同的语气和感情，与前一音节连读时往往产生音变。

(1) 当"啊"之前音节末尾的音素是 a、o、e、ě、i、ü 时，将"啊"念成"ia"(呀)。

例如：

好大的雪啊！

你得仔细琢磨琢磨啊！

你说的是他啊！

多么迷人的秋色啊！

这是谁泼的水啊？

赶快去啊！

(2) 当"啊"之前音节末尾的音素是 u（ao、iao 中的 o 实际发音是 u）时，将"啊"念成"ua"(哇)。

例如：

听说大厅里展销新书啊！

你都十八岁了，还小啊！

这葡萄长得多好啊！

(3) 当"啊"之前音节末尾的音素是-i(后)和 er 时，将"啊"念成"ra"；当其是-i（前）时，将"啊"念成"za"。

例如：

什么事啊？

来过几次啊？

(4) 当"啊"之前音节末尾的因素是鼻辅音 n 时，将"啊"念成"na"(哪)。

例如：

今年真的风调雨顺啊！

好头晕啊！

(5) 当“啊”之前音节末尾的音素是鼻辅音 ng 时，将“啊”念成“nga”。

例如：

冲啊！

快点儿讲啊！

第二节 普通话的读诵训练

普通话读诵是普通话的朗读和朗诵的合称。朗读是指运用普通话的语音技巧，准确、清晰、响亮并富有感情地把书面语言转化为规范的有声语言的创造性口语活动；朗诵是指在朗读的基础上，运用形象、生动、颇具感染力的语音、语调形式和表情、手势等态势语言，艺术性地展现书面作品的主题思想和形象风格的再创造活动。

一、普通话读诵的基本要求

普通话读诵是艺术性的再创造过程，读诵者必须具备广博的知识内涵和高深的素质品位，诸如气质和思想、社会阅历和文化素养、审美情趣和普通话语言表达能力等，这些都要靠日常的积累和训练，才能日趋成熟。书面作品读诵的基本要求表现在以下几个方面。

(一) 把握作品的主题思想

把握作品的主题思想分为三步。

(1) 感性接触，初步分析作品所表现的倾向。

(2) 全面了解作者的情况，尤其是对经典作品更要如此。读诵者要熟悉作者所处的时代背景，他的全部创作倾向和代表性思想，他的主要作品的社会、历史分析，他在札记、日记、书信中的言论，他的有关文学和艺术问题的见解。这能帮助其了解作者的品质、世界观、思想体系的一切，对于读诵都是非常有益的。

(3) 在了解感受作者时，要做到“热爱”他。果戈理说：“应当衷心地去体会充满诗人心灵的崇高的感受；应当全神贯注地去感受诗人的每一个字，只有这时才能公开朗诵他的作品。”只有这样，读诵者才能用自己的态度和见解去积极地补充作者的创作意图与思想；只有这样，读诵者内心才能产生共鸣，才能对听众产生感染力量。

(二) 拓展想象思维，置身于作品的意境之中

读者要使语言能够感动听众、吸引听众，就不能仅仅是某个概念的声音表达；读诵者要通过作者所写的文字，进入经过作者艺术加工的生活画面，凭借丰富的想象，体验、感受作者

的思想感情。整个准备过程，读诵者都应置身于作品中。作品中描写的情景、任务，甚至人物的音容笑貌都应成为我们眼前的形象，历历在目。斯坦尼斯拉夫斯基说过："我们的天性是这样安排好的，当我们和别人进行语言交流的时候，我们开头是以内心视觉看到我们所谈的东西，然后，才说我们所看到的……""在我们的思维过程中，意味着描绘现象。没有现象就不能表达自己的见解。"

丰富的想象力来源于对生活的不断观察、体验、思索和认识。读诵过程中的想象不能随心所欲、漫无边际，必须依据作品的内容进行合理的想象，创造形象，这样才能真正达到读诵优美作品的目的。

视频
呼吸技巧及训练方法

（三）充分发挥语言表达能力

充分发挥语言表达能力，要把握四个要点。

(1) 熟练地使用普通话标准音，做到字正腔圆。

(2) 忠实于原作品，不丢字，不添字，不改字，不错读字音。

(3) 读得连贯，不结巴，不重复。

(4) 准确灵活地运用各种语言表达技巧，做到以情运气、以气托声，从而圆满地实现读诵目的。

拓展阅读

"普通话"的历史

"普通话"一词早在清末就出现了。1902 年，学者吴汝纶去日本考察，日本人向他建议中国应该推行国语教育来统一语言，在谈话中就曾提到"普通话"这一名称。1904 年，近代女革命家秋瑾留学日本时，曾与留日学生组织了一个"演说联系会"，他们拟定了一份简章，在这份简章中也出现了"普通话"这名称。1906 年，研究切音字的学者朱文熊在《江苏新字母》一书中把汉语分为"国文""普通话""俗语"，他不仅提出了"普通话"的名称，而且明确地给"普通话"下了定义："各省通行之话。"

瞿秋白等也曾提出"普通话"的说法。20 世纪 30 年代，瞿秋白在《鬼门关以外的战争》一文中提出："文学革命的任务，绝不止于创造出一些新式的诗歌小说和戏剧，它应当替中国建立现代的普通话的文腔。""现代普通话的新中国文，应当是习惯上中国各地方共同使用的，现代'人话'的，多音节的，有结尾的……"并与茅盾就普通话的实际所指展开争论。经"五四"以来的白话文运动、大众语运动和国语运动，北京语音的地位得到确立并巩固下来。1949 年成立的中央人民政府确定现代标准汉语由国语改称普通话。

资料来源：https://baike.baidu.com/item/%E6%99%AE%E9%80%9A%E8%AF%9D/161653（有改动）

二、读诵的技巧训练

读诵的表达技巧和口语表达的技巧一样都需要发音准确，了解语流中的语变规律、讲究声音的抑扬顿挫等，这些内容已在口语表达技能的训练中提到。除此之外，读诵有其自身的特殊技巧。

（一）语调

语调是指语气的外在表现形式的总和，即快慢、高低、长短、强弱和虚实等各种声音形式的总和。当然，语气还包含着内在的思想感情色彩因素。读诵者的感情、气息、声音状态总是相辅相成、相生相长的，有什么样的感情，就产生什么样的气息，就形成什么样的声音状态。一般来说，喜则气满声高，悲则气沉声缓，爱则气缓声柔，憎则气足声硬，急则气短声促，愣则气少声淡，惧则气提声抖，怒则气粗声重，疑则气细声黏，静则气舒声平。思想感情的不同，决定了语气的变化，形成了声音的丰富多彩，从而促成了语调的姹紫嫣红。曲折性是语调的根本特征。语调既不是字调，也不是声调，不能锁定在固定的高低升降或平直低回的框架里，必须从思想感情的变化要求出发，恰如其分地运用不同的语调。

（二）停连

读诵时，语流中声音的停顿和连接就是停连。语言不管其形态是文字还是声音，都有语流的序列，这序列中不同的疏密关系也有其确定性。标点符号只是文字语言的停连关系的显示，而这里所说的停连是停顿和连接，是有声语言的“标点符号”。它是依照作品的文意、符合文气、顺应文势的表情达意的声音需要而采用的停顿和连接的技巧。作品的部分之间、段落之间、层次之间、语句之间、词组及词与词之间，都存在着停连关系。要做到“停到好处，连得合理”。这既包含着语法问题，又存在着逻辑关系；既有生理的需要，又有心理的需要。只有正确理解这八个字，恰当停连，才能增强读诵的魅力。否则，就会影响感情的表达，破坏语义的完整。

1. 停顿

停顿就是读诵时声音的间歇，它是读诵者为了更好地表达作品的思想内容而设定的。停顿不仅可以使读诵者适时调整气息，还可以收到“此时无声胜有声”的功效。这里讲的停顿主要指语法停顿和感情停顿。

（1）语法停顿。语法停顿是根据话语中的语法关系而设定的停顿，即依据书面语言中的标点符号和句子成分所做的停顿，它是最基本的停顿方法。标点符号反映的是段落之间、句子之间、词语之间的关系，可以使语义更为明确。一般来讲，段落之间的停顿要长于句子之间的停顿；句子之间的停顿要长于句子内部的停顿；句号、感叹号、问号停顿的时间要比冒号、分号长一点儿；冒号、分号停顿的时间要长于逗号；逗号停顿的时间要长于顿号。

（2）感情停顿。感情停顿也称作心理停顿、逻辑停顿或强调停顿，是为了突出某种语义或强调某种感情而做出的停顿，是在作品中没有标点符号的地方设计的停顿。

设定停顿必须注意三方面的问题：一是停顿并不是读诵者思想感情的中断或暂时空白，而是读诵者思想感情的继续和延伸，是为了更好地表情达意；二是生理上所需要的停顿必须服从作品思想感情表达的需要，不能破坏语意的完整；三是作品中的标点符号只是读诵者安排停顿的重要参考，但绝不能完全受标点符号的制约。有时，没有标点符号的地方需要停顿，有标点符号的地方却需要连接。因此，停顿的设定应以作品思想内容表达的需要为依据，不能拘泥于某种固定的格式。

2. 连接

由于表情达意的需要，虽然作品文字中有标点符号，但在读诵时却不能按停顿符号中断或休止，这就是连接。连接的方法有直连与曲连之分，直连就是顺势而行，连接紧密；曲连就是连而有断，循序向前。高亢激昂情绪的渲染与悲愤痛恨心理的宣泄大都采用连接的读诵技巧。

停连技巧要按照作品内容，特别是思想感情变化的需要灵活运用。需要指出的是，停连与气息的控制有密切关系。通常情况下，表明句意结束，用气停，即“声止气断”，做换气处理；而如果语意表达没有结束而表述过程中气息需要连续不断，这种情况下句子过长，往往需要补气，此时采用“声止气不断”法。换气的方法要根据感情态度的需要采取不同的呼吸状态和方式，如难以压抑的激动情绪要快吸慢呼；平静舒缓的情绪要慢吸慢呼；急促紧张的情绪要快吸快呼。

（三）重音

重音是指读诵时为了准确表情达意，须强调或突出某个音节、词或词组的音强。重音在表现方式上可分为逻辑重音、感情重音和语法重音。逻辑重音是指为了突出语意重点或某种特殊的意义而特意加重音强的重音，在同一句中，重音设置不同，句子要突出的意思就不一样；感情重音是指为了表达某种特定的思想感情而把某些词语的表述方式突出；语法重音是指根据作品句子的语法结构特点而自然读出的重音，它并不表示什么特殊的思想感情，只是为了语言表达得清楚明了。

重音是表达语句目的的重要手段。读诵时，不能随意设定重音，要根据语句所表达的思想内容找出其中的重音，并处理好重音与非重音的关系。一般来讲，一个独立完整的句子只能有一个主要重音。由于作品的内容不同，读诵的愿望与目的各异，重音在句子中的位置是没有固定规律可循的。

重音的表现方法很多，重读只是重音的一种表现形式，像轻读、拖长、虚声、顿声等都可用来表现重音。其基本原则是：以快显慢或以慢显快，重中见轻或轻中见重，以虚衬实或以实补虚，高中凹低或低中凸高。

拓展阅读

朗读符号

朗读符号及其含义见表 2-5。

表 2-5　朗读符号及其含义

朗读技巧	符号	含义
停连	|	一般停顿
	∧	句群停顿
	—↓—	连起来读
重音	·	轻读
	。	重读
	····	连续轻读
	○○○○	连续重读
	———	尾音拉长
节奏(语速)	※	快
	⊙	慢
语调	—	平调
	↑	升调
	↓	降调
	↗	曲调
	↘	曲调
特殊技巧	～～～	颤音
	▽	顿音(短促有力,富有弹跳性)

(四)节奏

节奏是指读诵作品时,依据作品的思想内容和情感意识而表现出来的语速快慢、语调扬抑、语强轻重、声音虚实等综合因素而形成的声音形式。也就是说,节奏是同读诵者思想感情的起伏而形成的,是依作品的语句、层次、段落的推进而形成的,是读诵者在深刻理解、准确把握作品思想内容的基础上用声音展现作品风貌的创作成果。

节奏在某种程度上是靠速度表现出来的,但速度只是构成节奏的一个重要方面,并不等同于节奏。就某一作品来说,节奏类型是关乎全局的技术因素。作品内容的丰富多彩决定了节奏种类也十分繁多，但归纳起来大致有以下几种基本类型。

(1) 高亢型。语势高昂，语速较快，声音明快、爽朗。

(2) 低沉型。语势抑闷，语速缓慢，声音沉重、偏暗。

(3) 舒缓型。气息平稳，语调舒展，声音自如。

(4) 紧张型。气息紧迫，语调紧张，声音短促。

(5) 轻快型。语调多扬少抑，语音轻快、活泼、欢畅。

(6) 凝重型。语调多抑少扬，语音沉着、坚定、有力。

(五) 气音

气音是一种气与声混合，气大于声的音。发音时压低嗓音，声音类似耳语，但要伴有明显的气息，声音常用于表达感叹、惊讶、害怕的感情；有时也用于表现耳语、自言自语或人物内心的活动。

(六) 颤音

颤音是一种略带颤抖的声音。人们在紧张时常常发出类似声音，但读诵中这种声音是读诵者在不紧张的状态下使用一定技巧有意发出的，多用于表现异常激动、恐惧、愤怒、悲观的情绪。

(七) 拖腔

拖腔是读诵时有意把某些音节拖长的一种声音技巧。运用拖腔之前，必须先做呼吸，以便在拖腔时有充足的信息支持。拖腔常用来表示领悟、回忆、呼吸、气力不足或声音微弱等情形。

(八) 泣诉

泣诉是使声音带上呜咽、哭泣色彩的一种声音技巧。这种技巧与日常的呜咽、哭泣不同，是读诵者欲恰当地表达出悲痛、伤心等情感时所使用的一种技巧。

(九) 笑语

笑语是一种使声音里带有笑意的声音技巧，特点是边说边笑。一般表示欢乐、风趣、开心、蔑视、讽刺、挖苦等情感。

(十) 拟声

拟声是用口语模拟人或物的声音的一种技巧。模拟物的声音时不同于相声的口技，也不同于日常生活中的象声调，应介于二者之间，起到烘托气息、使人身临其境的作用。模拟人的声音时不必做到逼真，但要反映出人物的个性特点。

读诵的过程是作品艺术性再创作的过程，而读诵基本技巧的运用，不能是单一的、孤立的，而是需要相互支撑、融会贯通的。只有依据作品内容合理设计语调，安排停连、找准重音、把握节奏，才能完满地实现读诵目的。

三、不同文体的读诵

文章的体裁名目繁多，不同体裁的作品所表达的含意不同，表述的方式方法差异也很大。因此，读诵者必须把握不同文体的读诵特点和要求。

（一）记叙性作品的读诵

记叙文体是指以人、事、景、物为反映对象，以叙述、描写为主要表达方式的一种文章类型。记叙性文章不是对客观事物进行抽象的理论概括，而是做具体、形象的写照。记叙性文章记人、叙事、描景、状物都要具有形象性和具体性，能给人以如见其人、如临其事、如观其景、如察其物的真切感受。

读诵记叙性作品主要是处理好形象感受的问题。形象感受是指作品的词语概念在读诵者内心所产生的对客观事物的感知、体会和反应。力求生活、自然，不矫揉造作，不拿腔拿调，但同时也要注意绘声绘色、生动感人。在节奏把握上，要自然流畅，不能大起大落。针对不同的表达方式，要处理好不同的语气、语调和节奏。

叙述的表达方式一般是对故事情节的有组织的介绍；描写的表达方式是对某个特定人物或特定环境的具体描述和刻画；抒情的表达方式是对所叙事件或人物表达的思想感情。在读诵时，凡是叙述部分，不要有明显的倾向性，不要过分强调哪一点，只要语调亲切、字音清楚，把事件叙述清楚就可以了；遇到描写时，要语言明快，展示个性，对人物或事件要有独到的理解，使人如闻其声、如见其人；抒情时，要感情饱满、态度明朗，不仅要反映出作者的爱憎，同时也要表达出自己浓郁的情感。

对记叙性文体的整体把握要注意开头和结尾、段落与层次、叙述的人称等问题。记叙文的开头或结尾往往是整篇文章的文眼所在，写法又是千变万化的。好的开头和结尾能收到激起听众兴趣、加深听众印象的效果，读诵时必须根据写法的不同读出变化，读出特色，同时又要与全文的气脉相连；记叙性文体的层次与段落表明事件的发生、发展的过程，在读诵时要中心突出，层次分明，清楚地显示出事件的来龙去脉。段落之间要有明显的停顿、过渡，衔接要自然，不能令人感到突兀。

记叙性文体的叙述人称往往用第一人称或第三人称。以第一人称读诵时，读诵者应该做到带领听众身临其境、感同身受。以第三人称读诵时，读诵者应该站在理性的高度引领听众去体会、品评事件或人物。面对不同人称的作品，读诵者要仔细领会，以便把作品中蕴藏着的感情真切地传达出来。

图文
朗诵练习材料三则

拓展阅读

朗读解读——《秋实》

秋　　实

刘增山

秋天了,成熟的果实却低下了头,它不是在孤芳自赏,也不是在自我陶醉,更不是在哀泣自己将跌落枝头。它是在想:我是怎样成熟的呢?

不是风,我怕早已霉烂了;

不是雨,我怕早已干瘪了;

不是光,我怕早已苍白了;

不是热,我怕早已憔悴了。

世界上有不经过风吹雨打而成熟的果实吗?

世界上有不经过光射日晒而成熟的果实吗?

【解读】这篇短文的文字语意浅近,但颇富哲理,它向人们昭示了这样一个道理:在通向成功的道路上,没有一帆风顺的。朗诵时注意说话角度的转换:第一段是从一个旁观者的角度讲述成熟的果实在低头思考;后几段则转为果实以第一人称的身份叙说自己成熟的过程,结尾两句以问代答。另外须注意,要通过语势的起伏变化等方式对相似的句式进行不同的处理。

资料来源:https://www.langsong.site/1535.html(有改动)

(二)议论性作品的读诵

对议论性作品的读诵主要是要找准论点,分清论据,把握句子、段落和层次之间的逻辑关系,厘清脉络,上下贯通,前后呼应。

议论性作品在语言表述上要求准确无误,清晰有力,吐字清楚,快慢有分寸,语句停连得当;感情的表达要强烈突出,旗帜鲜明,褒贬分明;对作者的立场观点要有准确的认识、把握。赞扬、歌颂、肯定什么,贬斥、暴露、否定什么,都要立场坚定毫不含糊;在内容方面,要抓住作品中起证明说理作用的材料、数据,读得坚决、果断、有自信,绝不能含糊不清。要把握准逻辑重音、感情重音,增强文章的说服力;在结构方面,要揭示文章整体的脉络、内在的分合关系,处理好结构的停顿,不能割裂文章的统一、完整性,要突出文章的主题。

议论文的种类很多,不同的议论文也要依不同的风格采用不同的语气。评论文章宜用庄重有力的语气,杂文宜用幽默讽刺的语气,科学小品文宜用活泼有趣的语气,演讲稿宜用高亢激昂的语气。议论文中不同的推理方式也限定了读诵的风格。一般来讲,运用演绎法进行论证的文章要读得严肃朴实，采用比喻法进行论证的文章要读得形象生动，采用归谬法进行论证的文章要读得辛辣尖锐。

（三）说明性作品的读诵

说明性文体是用言简意赅的文字，把事物的形状、性质、特征、成因、关系、功用等解说清楚；或者把人物的经历、特征等表述明白。说明文是以介绍知识为主要任务，或者是自然科学知识，或者是社会科学知识，或者是人们日常生活、工作所需要的知识，它的种类繁多，主要有说明书、解说词、科普小品文等。

说明性作品的读诵，一要抓住所要说明的客观事物的性质、功能、特点、成因机理、形状、结构特征或外在关系和内在规律。二要抓住说明事理的关键词语，准确运用停顿、重音等技巧。同时要注意语速适中，语调起伏平稳，节奏舒展、明快，以突出其说明性、知识性和科学性。

（四）小说的读诵

小说的读诵要注重故事情节展现与延伸的轻重缓急和人物性格特点的表述，把握整体节奏，运用声音表达的各种技巧，创造出听觉环境中完整而极富感染力的故事效果。

1. 了解故事情节，把握作品的主题基调

每一部小说都有一个完整的故事情节，而小说的片段读诵仅抽取整部小说中的某些精彩部分来展现小说的魅力。节选部分虽然有一定的相对完整性，但大都首先是整部小说的有机组成部分。所以，在读诵之前必须先对整部小说有所了解，这样才能准确地读诵出节选部分作者所要表达的创作目的。

2. 把握作品中的人物形象特征，塑造出不同的人物性格

小说主要的任务是描写人物，读诵者在读诵中如果要用自己的语言塑造出一个个性格鲜明生动的人物形象，就必须对自己的声音进行精心设计、通盘考虑，从而表现出与小说原作塑造的人物相符的形象。当然，这里只是要求塑造人物形象，表现人物性格和神态，要能使听众感受到人物鲜明的性格。

3. 展现作品不同环节的快慢起伏，赋予作品节奏感

每部小说作品所表达的内容绝不可能只是一种节奏。虽然在小说节选部分中体现得不是很明显，但在读诵时也必须赋予作品节奏感。如果没有节奏的变化，自始至终都是一个调子，就会使人昏昏欲睡，感受不到小说的魅力。当然，如果不顾小说本身的节奏，人为地忽快忽慢，也会使人产生一惊一乍等不舒服的感觉。所以，在了解作品的基调及人物性格的基础上，要对作品进行快慢起伏的正确处理，这样才能吸引听众，引导听众继续对作品进行研读。

（五）特技类作品的读诵

特技类作品主要指讽刺与幽默作品，包括寓言故事、笑话、杂文、小品文、讽刺小说、讽刺

诗和各种不同风格的戏剧台词等。讽刺幽默作品的读诵，以它特殊的艺术魅力丰富着人们的精神生活，这种艺术可带给人们无穷的深思与回味。

讽刺幽默作品篇幅短小精悍。由于它文字简单、篇幅短小，因而读诵时难度也相对较大，处理起来很难做到恰到好处。因此，在读诵此类作品时，除了要对作品进行深入理解外，还应端正态度，不能盲目随意、轻率对待，而应心中有数、目中有人、有的放矢，该规劝批评的就应循循善诱，该揭露鞭笞的就要不留情面，该歌颂赞美的就应热情讴歌，在整个读诵的过程中都要贯穿读诵者鲜明的态度。

除此之外，还应注意处理好夸张与写实的辩证关系。讽刺与幽默作品是夸张的艺术，作者往往用极其夸张的艺术手法尖锐而形象地揭示人物或事物的本质。在读诵这类作品时，不能平平淡淡，要充分调动自己的想象力，使自己对内容的感觉恰到好处地体现在自己的神态、形体和声音上，包括眼神和气息的细微处理。要力求做到有夸张而不失真实、有风趣而不欠含蓄，使作品具有高度的真实感，从而使听众接受一个生动可信的艺术形象。运用艺术的夸张手法，有声有色，活灵活现地、创造性地再现作品的艺术情趣。

（六）诗歌的读诵

诗歌是一种词语凝练、感情强烈、节奏鲜明、韵律整齐的文学体裁。诗歌是对社会生活高度集中和概括的反映。诗人通过强烈的情感与丰富的想象将其独特的感受浓缩到诗里面，精练的语言、概括的思想内容，构成了诗歌跳跃性的特点。

诗歌最大的特征是音乐性，主要表现在节奏和韵律上。与其他文体相比，诗歌是最适合读诵的体裁。人们一说起读诵便自然而然地与诗歌挂起钩来，有人甚至认为诗歌只有读诵出来才能体现出它的魅力所在。诗人冯至就说：“朗诵是诗的再创造，它能使好诗发挥更多的光和热，也能使平庸的诗产生‘不平庸’的效果。”诗人谢冕也说诗朗诵是“给诗插上飞翔的翅膀”。诗歌以其优美的韵律、明快的节奏、丰富的想象、浓烈的感情、凝练的语言、充实的思想赢得了喜爱读诵艺术的人们的青睐。

从读诵的角度来研究诗歌，人们一般习惯于从诗歌表现形式的角度将诗歌分为格律诗（旧体诗）和自由诗（新体诗）两大类。因为两者在语言上的精练、优美，节奏的鲜明，韵律的和谐、流畅等方面与其他作品相比都有明显的特点。

1. 格律诗的读诵

格律诗是有一定的句式和一定的字数的诗歌。无论是近体诗、旧体诗，还是宋词、元曲都符合这一要求。格律诗最一般的特点是音乐旋律的和谐美。在读诵时一定要注意停连的固定要求，不能打破固有的格式，要通过有声音的语言体现出格律的特点。

（1）押韵。押韵是指在诗歌每一句中大致相同的位置有规律地使用相同或相近韵母的字，这样的字就是诗的韵脚。读诵时必须将韵脚读得清晰、响亮、和谐、动听，不能含糊带过。韵脚对烘托诗的格调，形成回环往复的节奏感有着重要的作用。

(2) 平仄。平仄是指声调的抑扬。古典格律诗运用的是四声“平上去入”,它不同于现代汉语的阴阳上去。粗略地讲,古汉语的“平”声调对应现代汉语的阴平、阳平声调,古代汉语的“仄”声调对应现代汉语的上声、去声,现代汉语中不存在入声调。平声字声调高扬而音程较长,仄声字声调有的高低起伏,有的匆急短促,犹如山路的险仄不平。格律诗的每句中平仄都是有规定的,二者互为映衬调解,使诗歌节奏均匀多变,富有音乐感。

(3) 对仗。对仗是一种要求极为严格的对偶句,它通过修辞方法使诗歌在意义上、形式上工整匀称。读诗时,应注意对仗句在语气上的连接,使之贯通一气,表达出工整之美。

了解格律诗的节奏和韵律是读诵者表达感情、实现读诵目的的基本方式。在初学格律诗的读诵时,绝不能片面追求格律,而忽视了诗的内容和诗本身所体现出的特有感情;绝不能将内容不一、感情各异的诗歌框在固定的两字一停、三字一顿的格式中,造成千诗一调。

2. 自由诗的读诵

自由诗是现代流行新诗,字数、句数、行数、段数、平仄和音韵等均没有固定的格式,但有节奏,大致押韵。自由诗的节奏主要体现在语言的自然节拍上,韵脚可以自由转换,诗句可以长短不一。

自由诗的自然节拍也是诗歌音乐美的一种体现,它虽不像格律诗那样有固定的、明显的格式,但也有规律可循。一般来讲,主要是看一首诗有多少节、每节有多少行、每行有多少个音节,每几个音节形成一个“音步”,就是诗行中有规律的停顿。

不同格调的自由诗还要用不同的声音气势来表现,这是由诗的内容来决定的。因此,在读诵之前一定要认真体会诗中的思想感情,在读诵时要使自己快速进入诗的意境中,沉浸在作者的想象中,用恰当的声音气势、饱满的感情,准确、生动地将诗句传达给听众,以此打动听众的心。一个优秀的诗歌朗诵者,应该是一个懂诗的人。他的朗诵不仅是一个诗的传声,还应该是一种诗的再造。读诵者如果对于诗篇缺乏透彻领会和具体的把握,仅凭几种类型的腔调去读诵,是不会取得成功的。

拓展阅读

诗歌朗诵的音声性

诗歌朗诵最重要的特点之一是音声性,这也是一切朗诵艺术的重要特点之一。朗诵是把文字作品转化为有声语言的艺术创作。在这个过程中,不论朗诵者对文字作品思想内涵的理解如何深刻,不论他自身的文学素养和艺术修养如何高,也不论他对朗诵的整体设计如何精妙,最终都主要体现在有声语言表达上,也就是朗诵者的语音和声音上。

听众是通过朗诵者的有声语言表达来接受文字作品的思想内涵、了解朗诵者的艺术修养、欣赏文字作品的艺术魅力的。有声语言几乎成了诗歌艺术唯一的载体。因此，只要思想深刻、情感浓烈就能朗诵好诗歌的说法是不成立的。

音声主要指朗诵诗歌的声音。优秀的朗诵者会不断地进行声音训练，只要他一张口，听众立刻就会被其富于磁性的、悦耳动听的声音吸引住。声音虽然不是诗歌朗诵的全部，但是它有其独立存在的意义，是增强诗歌朗诵艺术魅力的重要因素。因此，在进行诗歌朗诵的训练过程中，练声既是基础性的工作——它是进行诗歌朗诵的必备条件，也是贯穿始终的工作——它制约着诗歌朗诵水平提高的幅度。

资料来源：https://www.langsong.site/1394.html（有改动）

（七）散文的读诵

散文是一种灵活自由、情感深刻、内涵丰富的文学体裁，读诵时应注意以下几方面问题。

1. 准确生动地再现作品的情感

抒情是散文写作的最大特点。无论是叙事散文、论述散文，还是抒情散文，其所表现的主要是作者的思想感情，作者凭借他倾注在作品里的强烈感情来达到感动人、教育人的目的。因此，读诵者必须使自己进入作品之中，去理解、感受和品味作者的感情，从而唤起心中的激情，由激情转化为贴切感人的声音，从而把作者浓烈的感情淋漓尽致地表达出来。

2. 把握脉络，厘清结构，放“形”收“神”

形散而神不散是散文的重要特征。形散是指散文的取材十分广泛自由，不受时间和空间的限制；神不散是指散文所表达的中心思想必须明确集中，无论它的内容多么广泛，表现方法多么灵活多变，无不是为表达中心思想服务的。要达到形散神不散，就要厘清结构，抓住脉络，读诵者必须找准贯穿全文的线索，厘清作者抒情的脉络和层次，运用恰当的声音形式来展现作品的主题。

3. 灵活运用读诵技巧

一篇散文往往不限于一人、一事、一物、一景，而是展开丰富的联想，说东道西，谈古论今。这些联想，也许是现实生活中的所见所闻，也许是脑子里的记忆或印象。随着丰富的想象，作者的思想感情也在千变万化。因此，读诵者要依据作品内容的变化，灵活机动地运用不同的朗读或朗诵技巧，自如地把握和表现作者思想感情的流动。

四、普通话读诵的实战训练

（一）白杨礼赞（节选）

那是力争上游的一种树，笔直的干，笔直的枝。它的干呢，通常是丈把高，像是加以人工似的，一丈以内绝无旁枝；它所有的丫枝呢，一律向上，而且紧紧靠拢，也像是加以人工似的，成为一束，绝无横斜逸出。它的宽大的叶子也是片片向上，几乎没有斜生的，更不用说倒垂了；它的皮，光滑而有银色的晕圈，微微泛出淡青色。这是虽在北方的风雪的压迫下却保持着倔强挺立的一种树！哪怕只有碗来粗细罢，它却努力向上发展，高到丈许，二丈，参天耸立，不折不挠，对抗着西北风。

这就是白杨树，西北极普通的一种树，然而决不是平凡的树！

它没有婆娑的姿态，没有屈曲盘旋的虬枝，也许你要说它不美丽，——如果美是专指"婆娑"或"横斜逸出"之类而言，那么白杨树算不得树中的好女子；但是它却是伟岸，正直，朴质，严肃，也不缺乏温和，更不用提它的坚强不屈与挺拔，它是树中的伟丈夫！当你在积雪初融的高原上走过，看见平坦的大地上傲然挺立这么一株或一排白杨树，难道你就只觉得树只是树，难道你就不想到它的朴质，严肃，坚强不屈，至少也象征了北方的农民；难道你竟一点儿也不联想到，在敌后的广大土地上，到处有坚强不屈，就像这白杨树一样傲然挺立的守卫他们家乡的哨兵！难道你又不更远一点想到这样枝枝叶叶靠紧团结，力求上进的白杨树，宛然象征了今天在华北平原纵横决荡用血写出新中国历史的那种精神和意志。

（二）繁星（节选）

我爱月夜，但我也爱星天。从前在家乡七八月的夜晚，在庭院里纳凉的时候，我最爱看天上密密麻麻的繁星。望着星天，我就会忘记一切，仿佛回到了母亲的怀里似的。

三年前在南京我住的地方有一道后门，每晚我打开后门，便看见一个静寂的夜。下面是一片菜园，上面是星群密布的蓝天。星光在我们的肉眼里虽然微小，然而它使我们觉得光明无处不在。那时候我正在读一些有关天文学的书，也认得一些星星，好像它们就是我的朋友，它们常常在和我谈话一样。

如今在海上，每晚和繁星相对，我把它们认得很熟了。我躺在舱面上，仰望天空。深蓝色的天空里悬着无数半明半昧的星。船在动，星也在动，它们是这样低，真是摇摇欲坠呢！渐渐地我的眼睛模糊了，我好像看见无数萤火虫在我的周围飞舞。海上的夜是柔和的，是静寂的，是梦幻的。我望着许多认识的星，我仿佛看见它们在对我眨眼，我仿佛听见它们在小声说话。这时我忘记了一切。在星的怀抱中我微笑着，我沉睡着。我觉得自己是一个小孩子，现在睡在母亲的怀里了。

有一夜，那个在哥伦波上船的英国人指给我看天上的巨人。他用手指着：那四颗明亮的星是头，下面的几颗是身子，这几颗是手，那几颗是腿和脚，还有三颗星算是腰带。经他这一番指点，我果然看清楚了那个天上的巨人。看，那个巨人还在跑呢！

（三）落花生(节选)

我们家的后园有半亩空地，母亲说："让它荒着怪可惜的，你们那么爱吃花生，就开辟出来种花生吧。"我们姐弟几个都很高兴，买种，翻地，播种，浇水，没过几个月，居然收获了。

母亲说："今晚我们过一个收获节，请你们父亲也来尝尝我们的新花生，好不好？"我们都说好。母亲把花生做成了好几样食品，还吩咐就在后园的茅亭里过这个节。

晚上天色不太好，可是父亲也来了，实在很难得。

父亲说："你们爱吃花生吗？"

我们争着答应："爱！"

"谁能把花生的好处说出来？"

姐姐说："花生的味美。"

哥哥说："花生可以榨油。"

我说："花生的价钱便宜，谁都可以买来吃，都喜欢吃。这就是它的好处。"

父亲说："花生的好处很多，有一样最可贵：它的果实埋在地里，不像桃子、石榴、苹果那样，把鲜红嫩绿的果实高高地挂在枝头上，使人一见就生爱慕之心。你们看它矮矮地长在地上，等到成熟了，也不能立刻分辨出来它有没有果实，必须挖出来才知道。"

我们都说是，母亲也点点头。

父亲接下去说："所以你们要像花生，它虽然不好看，可是很有用，不是外表好看而没有实用的东西。"

我说："那么，人要做有用的人，不要做只讲体面，而对别人没有好处的人了。"

父亲说："对。这是我对你们的希望。"

我们谈到夜深才散。花生做的食品都吃完了，父亲的话却深深地印在我的心上。

（四）春江花月夜

春江潮水连海平，海上明月共潮生。
滟滟随波千万里，何处春江无月明！
江流宛转绕芳甸，月照花林皆似霰；
空里流霜不觉飞，汀上白沙看不见。
江天一色无纤尘，皎皎空中孤月轮。
江畔何人初见月？江月何年初照人？
人生代代无穷已，江月年年望相似。
不知江月待何人，但见长江送流水。
白云一片去悠悠，青枫浦上不胜愁。
谁家今夜扁舟子？何处相思明月楼？

可怜楼上月徘徊，应照离人妆镜台。
玉户帘中卷不去，捣衣砧上拂还来。
此时相望不相闻，愿逐月华流照君。
鸿雁长飞光不度，鱼龙潜跃水成文。
昨夜闲潭梦落花，可怜春半不还家。
江水流春去欲尽，江潭落月复西斜。
斜月沉沉藏海雾，碣石潇湘无限路。
不知乘月几人归，落月摇情满江树。

（五）水调歌头·明月几时有

丙辰中秋，欢饮达旦，大醉，作此篇，兼怀子由。

明月几时有？把酒问青天。不知天上宫阙，今夕是何年。我欲乘风归去，又恐琼楼玉宇，高处不胜寒。起舞弄清影，何似在人间？

转朱阁，低绮户，照无眠。不应有恨，何事长向别时圆？人有悲欢离合，月有阴晴圆缺，此事古难全。但愿人长久，千里共婵娟。

思考与练习

1. 什么是普通话的语流音变？
2. 普通话语流中的声调变化有哪些规律性原则？
3. 练习普通话语流中的轻声、儿化和语气词“啊”的变调。

第三章　态势语言训练

学习目标

(1) 了解态势语言的含义和作用。

(2) 掌握坐姿、站姿、鞠躬等训练要领，塑造良好的主体形象。

情境导入

林肯的幽默

林肯当过律师。有一次出庭，对方律师把一个简单的论据翻来覆去地陈述了两个多小时，讲得听众都不耐烦了。好不容易才轮到林肯上台替被告辩护，他走上讲台，先把外衣脱下放在桌上，然后拿起玻璃杯喝了两口水，接着重新穿上外衣，然后再脱下外衣放在桌上，又再喝水，再穿衣，这样反反复复了五六次，法庭上的听众笑得前仰后合。这其间林肯一言不发，直到观众笑声过后他才开始自己的辩护演说。

资料来源：http://www.lzgang.com/page207? article_id=600(有改动)

第一节　态势语言的基础知识

一、态势语言的含义

态势语言又称肢体辅助语言，是指通过身体各部位能为人所见的活动来进行表达和交流。美国心理学家艾伯特·梅拉比安提出一个公式：

信息的总效果＝7%有声语言＋38%语音＋55%态势语言

因此,从某种角度来讲,信息传达的效果更多地来自态势语言。态势语言传递的信息比语言更丰富,更真实,更有效,不容忽视。

态势语言主要包括表情、手势、眼神、动作及姿态等,是有声语言的重要辅助手段。人的整个身体均可透露出内在的语言,这种无声的传达方式,往往比有声语言来得更为真实而直接。

二、态势语言的使用原则

受社会规范、工作环境、心理因素、文化差异等影响,对不同的人来说,态势语言在流露、表述的层次、程度、方式和姿势上,也各不相同。因此,态势语言的运用也应遵循一定的使用原则。

(1) 自然。自然是对态势语言的首要要求。动作要自然,自然见真淳,态势语言的使用应做到“台下刻意训练,台上听其自然”。现实生活中,不难发现,有的人动作生硬、刻板木讷,有的人刻意表演、姿态做作,有的人说话游离于现实,像在“背台词”。如此种种表现,都会让人觉得不真实,缺乏诚意。

(2) 简单精练。态势语言的使用应简单精练,说话或演讲时应去掉那些不必要的态势语。使用态势语,举手投足要符合一般生活习惯,简洁明了,易于被人们看懂和接受。态势语仅仅是对口头表达必要的补充和辅助,如果弄得烦琐复杂,不仅会喧宾夺主,妨碍有声语言的正常表达,也会使听的人眼花缭乱、不知所措。

(3) 适度得体。态势语的使用要适量,以不影响听者的注意力为准。态势语要与说话的内容、情绪、气氛相协调,切忌故作姿态、故弄玄虚、手口不一。

(4) 准确。态势语所传递的信息受表达环境的制约,同样一个手势,在不同文化背景下可能代表截然相反的含义,因此运用态势语必须进行推敲,力求准确。

(5) 生动。态势语的使用应生动、有活力。生动的态势语能够给人以美感,使讲话产生强大的感染力和说服力。态势语的灵活运用能够产生风度美、气质美和韵致美,为听众塑造良好的演讲者形象。

拓展阅读

态势语言运用四忌

在演讲活动中,要想让态势语言真实可信地反映自己的思想、情感及心理活动与变化,真正发挥其辅助,必须注意以下几点禁忌。

(1) 指指画画。不要使用随意的没有逻辑基础的手势动作,如一句话一个动作摆弄不停,甚至还十分夸张。有些演讲者以为指指点点、比比画画就能够引起听众的注意,加强演讲的说服力，殊不知恰恰相反，这样只能在听众面前暴露自己的不良习惯。

(2) 机械重复。机械重复是演讲中较常见的一种表现形式。它单调、呆板，最不费脑筋，最讨嫌，也最容易引起听众的误会。例如，有人从演讲一开始 就一只手直搓着脸不放，以致听众误以为他牙疼。还有的人总是伸长脖子、歪着脑袋讲话，样子显得很吃力，听众看着、听着几乎都在为他使劲，只觉得心里堵得慌，很不舒服。

(3) 刻意表演。刻意表演，即刻板地运用姿态手势动作去"表演"内容，这样做往往弄巧成拙，吃力不讨好，容易引起听众的反感。

(4) 无态势。有的演讲者站在台上，或双手相握，或手按讲台，除了嘴一张一合，全身一动不动。呆板拘谨的形象，不仅大大减少了信息传播量，而且使听众感到十分疲倦。

总而言之，态势语言是演讲表达的重要方式之一。它不仅能够有效地帮助演讲者传情达意、塑造形象，还能感染听众，给听众留下深刻的印象，使演讲获得成功。

资料来源：http://www.xuexila.com/koucai/shejiao/1748911.html(有改动)

三、态势语言的作用

态势语言不是一般的动作，它是有特定表意性的身体语言，可用来辅助有声语言进行思想交流、情感表达等。所以，在口语交际中，态势语作为一种无声语言，它对于信息的传递、感情的表达、交流的进行都起着重要的作用。

(一) 补充信息，辅助表达

态势语是伴随着有声语言自觉或不自觉地出现的具有特定表意性的身体语言。在口语交际过程中，说话人的身姿体态、举手投足、神情容貌始终伴随着他的有声语言，传送着各种信息，与有声语言协调统一，共同作用于人们的视觉和听觉。态势语拓宽了信息传输渠道，辅助并强化有声语言，使有声语言的表达效果得到进一步加强。正如达尔文所说："面部与身体的富于表达力的动作，极有助于发挥语言的力量。"

(二) 加强渲染，强化情感

为了表达说话者的思想感情，有时仅靠口语是不够的，还需要用态势语言加以渲染，使之强化。人们可以通过态势语表情达意，也可以通过态势语观察、分析对方说话的内容是否表达了真情实感，达到双方交流、沟通的目的。例如，在口语交际中，表述者的表情、动作等始终传达着某种信息，不经意地吐露着心理活动等。听者也会不自觉地从对方的面部神色中捕捉信息。有时只需一个眼神、一种神色、一个手势，我们就会明白对方要表达的意思，看似默默无语但沟通与交流却没有被限制，这就是所谓的"此时无声胜有声"。

（三）调节氛围，促进交流

在口语交际过程中，态势语所表达的情感信息往往具有强调、暗示、掩饰的作用。说话者或听话者有意识地通过身姿、手势、表情、目光等手段传递、交流信息，可以调动或影响口语交际对象的情绪，启发或引导对方的思路，调节口语交际的气氛，使口语交际中的主动权掌握在自己手中。通过态势语辅助有声语言调控口语交际活动，可以化不利的、被动的局面为有利的、主动的局面，以达到口语交际的目的。同时，得体的着装、热情的态度、友好的目光、真诚的笑脸等态势语可以使人在短时间内以自体态象获取对方的信赖，有利于话题的展开，有利于促进双方形成协调融洽的关系。

拓展阅读

态势语言对有声语言的弥补作用

态势语言可以弥补有声语言表达上的不足。《礼记·乐记》中就有论述："说之，故言之；言之不足，故长言之；长言之不足，故嗟叹之；嗟叹之不足，故不知手之舞之，足之蹈之也。"2000多年前，古罗马的政治家西塞罗更明确地指出："一切心理活动都伴有指手画脚等动作，手态恰如人体的一种语言，这种语言甚至连最野蛮的人都能够理解。"这就是说，态势语可以把有声语言不便说、说不出的意思表达出来，或者帮助其表达未尽之意，它具有取代和补充功能。著名的马克思主义宣传家雅罗斯拉夫斯基说过："演讲者的态势是用来补充说明演讲者的思想、情感与感受的。态势语本身就像文字一样富有表现力，特别是在言辞少于思想，两三句话中蕴藏着通篇哲理的时候尤其是这样。"

资料来源：https://www.jinchutou.com/p-121809058.html（有改动）

第二节　态势语言的类型与运用

一、态势语言的类型

在口语交际中，几乎每一个动作都会传达出一定的含义，反映着听者或说者的某种心理变化。态势语大体可以分为体态语、表情语、手势语、服饰语。

（一）体态语

体态语是通过人身体的各种身姿体态传递信息、表达思想、沟通情感的一种态势语。体态语能在一定程度上体现出个人修养，真诚、自信、温文尔雅等良好的素质都会通过身体语言而淋漓尽致地表现出来。良好的体态语还能给人留下美好的印象，增强双方言语交谈的效果。人们将理想的身姿体态概括为“坐如钟，站如松，行如风”，在人际交往中，与口语表达密切相关的体态语有坐姿语、立姿语和行姿语。

视频
演讲是站着好，还是坐着好

（二）表情语

在演讲中，表情语主要有面部语和眼势语。表情语通常是指眼睛、眉毛、嘴巴、面部肌肉及其综合运动所反映的心理活动和情感信息。罗曼·罗兰曾指出：“面部表情是多少世纪培养的成功的语言，是比嘴里讲的要复杂到千万倍的语言。”

（三）手势语

手势是指从肩部到指尖的各种活动，包括手臂、肘、腕、掌、指的各种协调动作。由于手势语具有表情具体、意思鲜明、形象感强、动作幅度大的特点，得体地运用手势语，会使讲话更有吸引力和说服力，更有气势，所以在口语交际中，手势语被频繁地使用。

（四）服饰语

服饰语是指通过人的衣着打扮，揭示人的思想性格、传递信息、增强交际效果的一种表达手段。服饰语能够表明人的身份、个性、气质、情绪和感觉，也能反映人的追求、理想和情操。在跨文化沟通和交流中，服饰语作为一种信息交流的符号，起到了其他符号无法替代的作用。

二、态势语言的运用

态势语言虽然是非语言交际中最重要、最丰富的表达手段，但如果掌握不了态势语言的运用技巧，很容易会弄巧成拙，甚至会画蛇添足。

（一）体态语的运用

1. 坐姿语

坐姿有严肃性坐姿与随意性坐姿两种。标准的姿势是腰背挺直，肩部放松。选用什么样的坐姿受具体语言环境的制约，严肃、认真的场合宜采用严肃性坐姿，轻松、休闲的场合可采用随意性坐姿。在人际交往中，坐要坐稳，不可左右摇晃或摆动，否则会使人有不安全感。同时坐椅子时大概坐到座位的前半部为宜，身体挺直或略微向前倾斜。

任何一种坐姿都毫不掩饰地反映了人的心理状态。例如，男性微微张开双腿而坐，有稳重、豁达之感；女性并拢双膝而坐，是庄重、矜持的表现。身体前倾，有集中聆听之意；身体后仰，则有慵懒散漫之嫌。将一条腿架在另一条腿上，即跷起二郎腿的坐姿，表示轻松、自信；双腿交叉又配合交臂的坐姿，则表示自卫、防范。

2. 立姿语

立姿通常分为自然式立姿和前进式立姿。自然式立姿要求两脚基本平行，相距与肩同宽。前进式立姿要求两脚一前一后，相距适中。无论哪种立姿，都应肩平、腰直、身正、立稳，身体重心均衡分布在两脚之间，或根据表达需要落在前脚，上身可略微前倾，树立亲切、进取、伟岸的形象。

不同的立姿也会给人留下不同的印象，传递不同的信息。社交场合中身体应保持平衡，重心一定要落到双脚上，不可斜靠或背靠墙、门，也不可手臂支撑物体站立，尤其是站立时不可摇来晃去，斜肩弓背，因为这样会产生人漫不经心甚至轻浮的印象。人的身体动作还可以表现出不同的精神状态。站立时脊背直立，胸部挺起，双目平视前方，表示愉悦、自信；弯腰弓背的立姿则是精神不振或意志消沉的表现。在演讲中，一般采用“一”字步或“丁”字步立姿，前者男士采用得较多，两脚自然分开与肩大抵同宽，重心稳定，抬头挺胸，双臂自然垂下；后者女士采用得较多，两脚一前一后，两脚跟距离在 15 厘米左右，双脚约成 45°夹角，身体重心可以落在前脚上，也可以落在后脚上，抬头挺胸，双臂可以自然下垂，也可以在腹前交叉。

3. 行姿语

行姿是通过步态的变化来传递信息的一种无声语言，行姿的一般要求是：自然而不别扭，轻盈而不笨拙，矫健而不迟钝。在演讲中的行姿主要为移步。但要注意走动不宜过于频繁，走动的幅度也不宜过大，要根据具体内容进行调整。

视频
登台，如何走出气势

一般而言，向前移动，多表达进取、希望、坚定等意思；向后移动，多表示退让、否定、犹豫等意思；向左、右移动，可以活跃演讲的气氛，还可以显示演讲的节奏和层次。步频较快、步履轻松，表示“春风得意”；走路时拖着步子、步伐小或时快时慢，则表示自卑、紧张。行姿忌慌慌张张、摇摇晃晃、拖拖沓沓。

（二）表情语的运用

1. 面部语

面部表情是人的最准确、最微妙的“晴雨表”。每个人都有面部表情，脸上的每个细胞、每条皱纹、每根神经都参与表达某种意愿、某种感情、某种倾向。美国民众在评述罗斯福总统时说：“他满脸都是动人的表情。”《回忆罗斯福》一书中写道：“在 20 分钟的时间里，罗斯福先生的脸上表现出诧异、好奇、故作吃惊、真正的兴趣、焦虑、同情、幽默、尊严和无比的魅力，但是他几乎没有说出什么东西。”分析罗斯福的演讲专家认为，他的演讲往往更注重面部表情，有时谈得很少，他的表情已经传达了更多的准确有效的信息。

一般而言，眉毛微微上扬，双眼略微张大，唇部微张，同时嘴角略上翘呈现微微的笑意，表示关心、重视，且含有鼓励、褒扬成分；眼睛略闭，嘴角上翘浮出微笑，表示满意；双眼微眯，嘴角微翘，面露微笑，表示亲切；眉毛微皱，双唇较紧地抿在一起，眼睛略略张大，表示严肃；眉毛上扬，双眼睁大，嘴圆张，表示惊奇；眉紧皱，眼圆睁，牙关紧咬致使双唇紧抿，有时伴有面色紫红或苍白，表示愤怒；眼微眯，嘴角下垂，嘴向一边撇去，表示蔑视。

2. 眼势语

意大利艺术大师达·芬奇在《笔记》中说："眼睛是心灵的窗户。"泰戈尔也说过："一旦学会了眼睛的语言，表情的变化将是无穷无尽的。"在交际中恰当地使用眼势语，不仅有助于思想感情的表达，同时也有利于相互理解与合作。眼势语的运用，主要包括注视的时间、注视的角度、注视的部位和注视的方式四个方面。

(1) 注视的时间。注视的时间的长短，一般跟注视者的态度有着密切的关系。如果是表示友好，表示重视，表示颇感兴趣，通常注视的时间较长；如果表示不在意，漫不经心甚至是蔑视，则注视的时间极短。

(2) 注视的角度。加拿大医学博士柏恩提出的人格结构的 PAC 分析理论，对于我们理解注视角度是不无好处的。第一种，视线向下的 P(parents)型，表现出父母对子女，或者长者对后辈的爱护、爱怜与宽容的心理状态；第二种，保持平视的 A(adult)型，是基于理性与冷静思考或对等评价的成人心理状态；第三种，视线向上的 C(children)型，表示尊敬、敬畏和撒娇等以自我为中心的儿童心理状态。PAC 分析理论是我们判断注视角度和情感色彩的重要依据之一。

(3) 注视的部位。在口语表达过程中，对象是个体还是群体，注视的部位是完全不同的。如果口语表达者面对的是群体，那么，目光所及之处则应该是"大家"。高明的口语表达者会让在场的每一位受众都亲切地感受到，你是在看着他说话。如果口语表达者面对的是个体，注视的部位不同，不但说明自己所持的态度不同，而且表明双方的关系也不相同。注视对方的双眼，表示重视对方，聚精会神，一心一意，这属于关注型注视；注视对方的额头，表示认真严肃，这属于公务型注视；注视对方眼部至唇部，属于常规型社交注视。

(4) 注视的方式。注视的方式用得多的有凝视、环视、虚视等，每种注视的效果各不相同。

① 凝视。集中目光看对方，如果是公事，目光限制于前额到双眼，使人感觉你很诚恳认真；如果是社交，目光所及区域为双眼到嘴三角区；如果是关系非常亲密的朋友，目光所及区域为双眼到胸。

② 环视。眼睛直视然后有目的地左右扫一下，使所有听你讲话的人都注意到你，不觉得你在和他(个人)交流，能较全面地了解听众的心理反应。而且可根据你的环视随时调整说话的节奏、内容、语调，把握说话的主动权。

③ 虚视。虚视就是似视非视，演讲就需要这种虚与实的目光交替，"实"看某一部分人，

“非”看大家，演讲要做到“目中无人，心中有人”。

智慧故事

林肯与道格拉斯的辩论

在林肯和道格拉斯的著名辩论接近尾声时，大多迹象都表明林肯将失败。因此，林肯感到沮丧，就好像痛苦的老毛病不时地折磨着他，为他的演说词增添了不少感人的气氛。林肯在最后一次演说中突然停下来，默默地站了一分钟，望着他面前那些半是朋友半是旁观者的群众的脸孔，他那深陷且忧郁的眼睛里似乎满含眼泪。他把自己的双手紧紧并在一起，仿佛它们已太疲乏了，无法应付这场战斗，然后，他以他那独特的声音说道：“朋友们，不管是道格拉斯法官还是我自己被选入美国参议院，那是无关紧要的，一点关系也没有。但是我们今天向你们提出的这个重大问题才是最重要的，远胜过任何个人的利益和任何人的政治前途。朋友们，”说到这儿，他又停了下来，听众屏息以待，唯恐漏掉一个字，“即使在道格拉斯法官和我自己的那根可怜、脆弱、无用的舌头已经安息在坟墓中时，这个问题仍继续存在、呼吸及燃烧。”替他写传记的一位作者指出：“这些简单的话，以及他当时的演说神态，深深打动了每个人的内心。”

（三）手势语的运用

1. 手势语的类型

按手势表达的含义、手势活动的方位及手势的使用部位，手势语可归纳为四种基本类型。

（1）形象性手势语，即用来模拟事物的手势语，如用双手的拇指、食指分别弯曲相对成心形，用来表示“心”的手势动作。

（2）象征性手势语，即用来表示抽象意义的手势语，如想要表现祖国的美好未来，可以将单手向斜上方伸直。

（3）指示性手势语，即指出、指明、指示具体对象的手势语，如可以用食指的指示语表示在这里、在那里。

（4）情意性手势语，即用来传递情感的手势语，如“举手长劳劳，二情同依依”的挥手告别，就是这种情意性手势语的典型例证。

视频
演讲中高大上的七个手势

2. 手势语的形式

按不同的形式，手势语可分为掌式语、拳式语和指式语。

（1）掌式语。手心向上，手臂微屈，手掌稍向前伸，表示贡献、请求、赞美、欢迎等意思；

手心向下，手臂微屈，手掌稍向前伸，表示神秘、压抑、否定、制止、不喜欢等意思；双手叠加，表示团结一致、联合，一事依赖于另一事或命运攸关、休戚与共等意思；双手分开，表示分离、失望、空虚、消极等意思。

(2) 拳式语。单手握紧拳头，表示坚定、自信、团结、奋进；双拳晃动，表示力量，号召人们起来斗争、奋斗。例如，林肯常高举双臂，紧握双拳，在空中挥舞，表现出真正崇高的憎恶感。

(3) 指式语。左右摇动食指有蔑视、否定的含义；竖大拇指有肯定、赞扬等含义。

3. 手势活动的范围

(1) 肩部以上为上区手势，一般表示积极、肯定、理想、希望、喜悦、祝贺等意思。

(2) 肩到腹部为中区手势，一般用以叙事、讲解和说明，不带有浓厚的感情色彩。

(3) 腹部以下为下区手势，一般表示消极、否定、憎恶、反对、批判、失望等意思。

4. 手势活动的方向

手势活动的方向不同，意义也大相径庭。向内、向上的手势，意味着肯定、赞同、号召、鼓励、希望、充满信心；向外、向下的手势，意味着否定、拒绝、制止、终止、摒弃、冷漠。抬起两只手，掌心向上、往内缩表示向我靠拢、注意我；掌心向下、往外推则意味着拒绝、回避。例如，列宁的经典手势：以一手用力下压的动作，表示对资本主义腐朽制度的蔑视或怒斥；以一手高举过肩向前伸展的雄姿，展示革命必胜的信念；以双手叉在腰侧，表示幽默和风趣。

5. 手势活动的幅度

手势活动的幅度大小与说话者的感情、语势有很大的关系。幅度大，表示强烈；幅度小，表示平和。另外，单手的手势称为单式手势，一般在语意轻、听众少时使用；双手的手势为复式手势，一般在语气重、听众多时使用。

手势语的运用要尽量简练，动作不要太多太复杂，不要手舞足蹈，不要不停抖动；要与其他态势语相协调配合；要注意手势不可单一，应注意变化。

拓展阅读

精彩的演讲

在第二届“香格里拉杯”全国演讲大赛上，个人特等奖获得者解放军战士黄传颂演讲了一段西藏军区骡马运输队在原始森林中遇到的惊险场面：“有一次，尹队长正在前面为骡马队开路，突然一只比人还高的大黑熊从离他不远的地方钻了出来，大家都惊呆了，几名战士紧张得连连后退，带枪的战士‘哗哗’拉枪栓、推弹上膛，准备射杀黑熊，此时，尹队长来不及退让，便挥舞手中的砍刀，亮出嗓门大吼一声：‘嘿！’谁知这一叫，步步紧逼的大黑熊竟站在原地不动了。大家一看这场景，齐声大吼起来，黑熊被吓住了，狂叫几声后钻入了林子。”这名演讲者一边讲，一边表现惊呆的表情，大睁着眼睛，面部肌肉紧张，同时后退一步，模仿战士拉枪栓的动作。当他表情严肃，跨前一步，模仿尹队长做手举砍刀状，口述完大黑熊被吓走经过后，这生动的演绎引得观众爆发出热烈的掌声，使演讲达到了高潮。这一系列的动作，不仅生动形象、吸引听众，更和演讲内容紧密相关。“雪山赶马人的忠诚”是黄传颂演讲的标题。他叙述了一支穿梭在高山雪原与原始森林中的西藏军区骡马运输队的极为恶劣的工作条件和对党与祖国的坚强信念。没有恶劣环境的衬托，就无法真正显示出一名战士的赤胆忠心。

资料来源：颜永平，杨赛．演讲与口才教程[M]．上海：华东师范大学出版社，2012.（有改动）

（四）服饰语的运用

“三分人才，七分打扮”“佛要金身，人要衣裳”。在现代社会，服饰已不仅仅用来遮体，更多地关系到一个人的整体形象，体现一个人的社会地位、情趣、修养、个性、职业及精神面貌。服饰作为一种特殊的交际语言，对自身、对他人都会产生影响。

美国著名政治家、科学家本杰明·富兰克林说：“饮食也许可以随心所欲，穿衣却要考虑给他人的印象。”要获得好的印象，就要做到协调与适中。

（1）服饰要与个人的年龄、职业、身份地位及肤色、形体相协调，应整洁合体，突出个性。

（2）服饰要符合交际的场所，庄重大方，美观和谐。国际上普遍遵循“TPO”着装原则。“T”（time）代表时间、时令、时代；“P”（place）代表地点、场所、地位、职业；“O”（object）代表目的、目标、主题、对象等。这就是说，服饰打扮要具有时代感，要与交际场所、交际对象、交际内容一致。

思考与练习

1. 分析、揣摩、体会用眼睛表示下列词语含义的差异。

扬眉吐气、眉飞色舞、喜上眉梢、眉头紧锁、低眉顺眼、横眉冷对、柳眉倒竖

2. 设计相应的面部表情表达下列词语。

（1）微笑、大笑、冷笑、苦笑。

（2）激动、悲痛、愤怒、感动。

3. 说出并做出以下有声语言的态势语言。

（1）只有这样，才会有充实的生活，才会有灿烂的人生！（双手，手心向上，上区）

(2) 一个人如果没有远大的理想,那他将一事无成。(两手由合而分,下区)

(3) 他们欢呼:胜利了,胜利了!(双掌上竖,摇动,上区)

(4) 夜幕笼罩了群山。(单手,手心向下,上区)

(5) 月光洒落在树枝上。(单手,手心向下,中区)

(6) 伟大的人物也躺在他们倒下的地方。(单手,手心向上,下区)

(7) 不要过分利用我的爱。(单手,手掌竖立,中区)

(8) 乐曲的音调越来越高。(单手,手心向上,上区)

4. 假设你班有男、女各一名同学要参加以"歌唱祖国"为主题的诗歌朗诵比赛,请大家为他们设计一下服饰装束。

5. 以"我的自画像"为题,按下面的要求介绍自己。

(1) 不慌不忙走上讲台,先站定,后抬头,面向大家说话。

(2) 说话中,必须有2~3个富有个性的手势语和表情语。

(3) 说话时间不少于3分钟,不超过5分钟。

模块二

演讲口才

第四章 拟稿演讲

学习目标

（1）了解演讲稿的特点和作用。

（2）掌握演讲稿的构思。

（3）掌握材料收集和整理的方法。

情境导入

真诚动人的演讲

1952年，尼克松还是一名年轻的参议员，竞选总统的艾森豪威尔将他作为竞选的伙伴。正当尼克松为竞选四处奔走时，《纽约时报》上突然刊登了一篇抨击他在竞选中秘密受贿的文章。

为了应对这次抨击，尼克松被迫在电视台发表了半小时的讲话。

那天下午6∶30，当尼克松在电视屏幕上出现时，整个美国都安静了下来。尼克松采取了一个在政治史上罕见的行动——把自己的财务史全部公开，他从自己的家产，一直谈到欠债。紧接着，他话锋一转，详细地说明了自己的经济收支情况，其中包括如何花掉每一分钱，他从为孩子矫正牙齿的支出谈到家中改装锅炉的支出。尼克松说，这次竞选提名之后，确实收到一件礼物——得克萨斯州有人送给他孩子的一只小狗。

当尼克松讲完走出广播间时，到处都是欢呼声。有100万人给他打电话、发电报、寄信，几乎每个著名的共和党人都给他发了赞扬的函电，从邮局汇来的小额捐款达6万美元。美国听看这次演讲的人数达到6 000万，这次著名的演讲使事实得以澄清，尼克松也获得了大批支持者。

资料来源：http://www.lizhigushi.com/lizhixiaogushi/a17562.html（有改动）

第一节 演讲稿基础知识

视频
如何写好演讲稿

一、演讲稿的特点和作用

演讲稿又称演讲词，是演讲者事先撰写好，以便进行练习及演讲时作为提示或参考的一种专用文稿。演讲稿是演讲内容的主要依据，是使演讲获得成功的重要前提。演讲稿准备得充分与否对整个演讲的成败起到至关重要的决定作用。历来的演讲名家都极为重视演讲稿的写作。任何一名优秀的演讲家在演讲之前无不对自己的演讲稿字斟句酌，可见演讲稿在整个演讲过程中的重要性。

（一）演讲稿的特点

演讲既是一种语言实践活动，又是一门艺术表达形式。著名演讲教育艺术家李燕杰在《演讲美学》中对演讲有过一段恰当的描述："演讲应有'相声般的幽默、小说般的人物形象、戏剧般的矛盾冲突、蒙太奇的手法、诗朗诵的激情'。"演讲的特性决定了演讲稿的独特之处，演讲稿要通过演讲人的口头传达给听众，撰写时既要考虑演讲者的语言表达，又要考虑听众的接受情况。因此，演讲稿具有以下特点。

1. 广泛性

演讲是一种社会实践活动，广泛地运用在社会的各个层面和领域。例如，政府机关的政策演讲，国家领导人的就职演讲，企业、社会团体的集会演讲，法庭的辩论演讲，学校、学院的学术演讲，班级、小组的课堂演讲，不同场合的广场集会演讲、街头演讲、宴会演讲、舞台演讲等。

演讲作为一种沟通思想、鼓舞人心的语言活动已经广泛深入社会的每个领域和环节。同时，演讲的主体和演讲的接受对象也具有极强的广泛性。不同职业类型、不同文化层次、不同年龄、不同语言、不同性别的广大社会民众都可以采用演讲的宣传形式来表达思想、传达情感。与此同时，不同种族、民族、职业、年龄、语言、文化程度的每一位社会公民也都是演讲活动的接受对象，都有权利成为演讲活动的接受者。可见，演讲活动已经广泛地深入社会的各个领域和各个层面。

演讲活动的广泛性决定了它的实用性。不同类型的演讲都是为了实现特定的目的的，都会就人们普遍关注的某些有意义的事物或问题，通过口头语言形式直接发表意见，以思想、感情、事例和理论来晓谕听众、打动听众，发挥应有的社会作用。这就要求演讲稿具有极强的实用性，适合语言表达，有利于听众听取与接受。

2. 针对性

演讲是直接面对听众的一种语言传播形式，写演讲稿时一定要有的放矢，根据听众的不同特点来确定演讲稿的主题、内容及表达方式。

(1) 演讲稿的主题要选取听众迫切需要回答和解决的论题，这样才能通过演讲唤起听众的热情，引起听众的共鸣。

(2) 演讲稿的写作要根据听众的思想状况、年龄特征、职业状况、文化层次、心理状态及兴奋点来进行，以切合听众的多方位需求。

(3) 演讲稿要针对不同类型和不同层面的演讲选取恰当的语言表达方式。例如，传递理性信息时尽量选用具有理性色彩、中性色彩的词语、句式，同时多使用记叙、说明、论证等更能表达理性色彩的表达方式；传达感情信息时多选用语言中具有感情色彩和形象色彩的词语和句式，同时可以多使用比喻、拟人、夸张等极具情感色彩的修辞手法和描写、抒情等语言表达方式。

3. 传声性

演讲活动是通过有声语言这一载体把演讲者的思想情感表达出来的一种实践活动。要让演讲活动实现最佳表达效果，在写作演讲稿的时候要注意以下几点。

(1) 尽量使用口语化的语言表达方式，以利于演讲者调动声音技巧来表达情感，以利于听众直接明了地接受演讲内容。

(2) 尽量使用简短的句式表达方式，演讲稿中的句式尽量少采用长句而多采用简短的短句，短句在表达上更为铿锵有力，在听众接受时更为简单明了。

(3) 注意语音的高低强弱和声调的抑扬顿挫。语言表达上的多样化要符合演讲语言“上口”和“入耳”的基本要求。有节奏感的语言表达能增强演讲的表达效果，能更好地传达演讲内涵，实现演讲目的。

(4) 注意临场性，演讲稿是供演讲所用，写作时就必然要考虑演讲特有的时空环境，同时要考虑听众的情况和可能出现的种种反应。演讲过程中出现任何事先没有预料的状况都是极有可能的，所以在准备演讲稿时，在保持整个演讲稿内容完整的基础上，还要适当注意演讲内容的伸缩性，为演讲过程中的意外状况提前储备知识。例如，多储备一些能够说明问题的事例或是一些生动幽默的趣闻逸事。事实证明，任何一场演讲的完成都直接受影响于演讲现场的环境和听众的反应，所以在准备演讲稿的时候要充分考虑它的临场性特点。

4. 情感性

演讲活动是一种双向性的交流活动，演讲过程就是演讲者与听众及听众与听众之间的一种情感交流过程。在准备演讲词的过程中，要充分把握演讲活动双向性的特征，研究听众的心理特征，倾听听众的意见呼声，收集听众的反馈信息，注意听众的接收动向，灵活处理演讲词的主题安排和内容设置。同时，还要注意临场的环境，演讲的时间、地点环境，人员情况及一切临场可能出现的问题，以便及时调整演讲的内容。

5. 感召性和艺术性

成功的演讲能因演讲稿丰富深刻的内容、精辟独到的见解、严密的逻辑和充沛的情感而说服听众，进而感染听众，产生振臂一呼、应者云集的共鸣效果。演讲词的感召性特点要求在准备演讲词的过程中注意以下两个方面。

视频
成功演讲20招

(1) 要选取极具感召性的演讲话题，通过此类主题的演讲要能够引起听众的反响和共鸣。

(2) 在句式和词语表达上，要选择适合抒发强烈情感的表达方式，为演讲活动的情感表达提供最为恰当的语言载体。

拓展阅读

最后一次演讲

闻一多

这几天，大家晓得，在昆明出现了历史上最卑劣最无耻的事情！李先生究竟犯了什么罪，竟遭此毒手？他只不过用笔写写文章，用嘴说说话，而他所写的，所说的，都无非是一个没有失掉良心的中国人的话！大家都有一支笔，有一张嘴，有什么理由拿出来讲啊！有事实拿出来说啊！为什么要打要杀，而且又不敢光明正大来打来杀，而偷偷摸摸地来暗杀！这成什么话？今天，这里有没有特务？你站出来！是好汉的站出来！你出来讲！凭什么要杀死李先生？杀死了人，又不敢承认，还要诬蔑人，说什么“桃色事件”，说什么共产党杀共产党，无耻啊！无耻啊！这是某集团的无耻，恰是李先生的光荣！李先生在昆明被暗杀，是李先生留给昆明的光荣！也是昆明人的光荣！

去年“一二·一”昆明青年学生为了反对内战，遭受屠杀，那算是青年的一代献出了他们最宝贵的生命！现今天在李先生为了争取民主和平而遭受了反动派的暗杀，我们骄傲一点说，这算是像我这样大年纪的一代，我们的老战友，献出了最宝贵的生命！这两桩事发生在昆明，这算是昆明无限的光荣！

反动派暗杀李先生的消息传出以后，大家听了都悲愤痛恨。我心里想，这些无耻的东西，不知他们是怎么想法，他们的心理是什么状态，他们的心怎样长的！其实简单，他们这样疯狂地来制造恐怖，正是他们自己在慌啊！在害怕啊！所以他们制造恐怖，其实是他们自己在恐怖啊！特务们，你们想想，你们还有几天？你们完了，快完了！你们以为打伤几个，杀死几个，就可以了事，就可以把人民吓倒了吗？其实广大的人民是打不尽的，杀不完的！要是这样可以的话，世界上早没有人了。

你们杀死一个李公朴，会有千百万个李公朴站起来！你们将失去千百万的人民！你们看着我们人少，没有力量？告诉你们，我们的力量大得很，强得很！看今天来的这些人，都是我们的人，都是我们的力量！此外还有广大的市民！我们有这个信心：人民的力量是要胜利的，真理是永远存在的。历史上没有一个反人民的势力不被人民毁灭的！希特勒，墨索里尼，不都在人民之前倒下去了吗？翻开历史看看，你们还站得住几天！你们完了，快了！快完了！我们的光明就要出现了。我们看，光明就在我们眼前，而现在正是黎明之前那个最黑暗的时候。我们有力量打破这个黑暗，争到光明！我们的光明，就是反动派的末日！

现在司徒雷登出任美驻华大使，司徒雷登是中国人民的朋友，是教育家，他生长在中国，受的美国教育。他住在中国的时间比住在美国的时间长，他就如一个中国的留学生一样，从前在北平时，也常见面。他是一位和蔼可亲的学者，是真正知道中国人民的要求的，这不是说司徒雷登有三头六臂，能替中国人民解决一切，而是说美国人民的舆论抬头，美国才有这转变。李先生的血不会白流的！李先生赔上了这条性命，我们要换来一个代价。“一二·一”四烈士倒下了，年青的战士们的血换来了政治协商会议的召开；现在李先生倒下了，他的血要换取政协会议的重开！我们有这个信心！

“一二·一”是昆明的光荣，是云南人民的光荣。云南有光荣的历史，远的如护国，这不用说了，近的如“一二·一”，都属于云南人民的。我们要发扬云南光荣的历史！

反动派挑拨离间，卑鄙无耻，你们看见联大走了，学生放暑假了，便以为我们没有力量了吗？特务们！你们看见今天到会的一千多青年，又握起手来了，我们昆明的青年决不会让你们这样蛮横下去的！

反动派，你看见一个倒下去，可也看得见千百个继起的！

正义是杀不完的，因为真理永远存在！

历史赋予昆明的任务是争取民主和平，我们昆明的青年必须完成这任务！

我们不怕死，我们有牺牲的精神！我们随时像李先生一样，前脚跨出大门，后脚就不准备再跨进大门！

资料来源：https://www.21cnjy.com/yuwen/kewen/A90/55065/55067/55268/

（二）演讲稿的作用

演讲稿是演讲的依据，是演讲成功的基础。演讲稿能够帮助演讲者确定演讲的目的和主题；梳理演讲思路，提示演讲内容；把握演讲节奏，限定演讲时速；斟酌演讲用语，提高语言表达能力；促进演讲稿写作的研究等。具体来说，演讲稿的作用主要表现在以下四个方面。

1. 确定演讲主题,梳理演讲思路

演讲稿是演讲者所有思想情感的集中。一个演讲在没有正式展开之前有多种主题和情感可以表达,而成型的演讲的主题和情感都是通过演讲稿体现的,也就是说,演讲稿汇集了演讲者希望通过演讲实现的所有思想感情。同时,演讲稿是用语言文字写成的,而语言文字是表达思想感情的手段和工具。在这个层面上,所谓的优秀的演讲稿,实际上就是对演讲者思想感情的有条不紊的组织和表达。

2. 避免临场失误,美化演讲语言

演讲通过有声语言和相关的态势语言来表达思想情感。有声语言不仅具有声传性,而且具有表情性。演讲者一方面要通过抑扬顿挫的语调、轻重缓急的语气来表达演讲内容;另一方面要通过声调、语气及动作表情把潜在的思想情感表达出来,实现演讲者感染听众、打动听众的目的。如果事先没有准备演讲稿,演讲者在演讲现场临时组织语言进行演讲势必导致演讲主题不明确、语言不流畅等语言表达失误;而提前写作和背诵则会避免临场的失误,实现通过演讲表达演讲主旨的表达目的。另外,临场组织词语表达也难以实现通过演讲表达思想情感的演讲目的,必然出现演讲现场的冷场或演讲内容的枯燥无味。

3. 保证思路畅通,消除怯场心理

写作演讲稿时,编列的提纲就是演讲者在演讲时头脑中的表达思路,顺着演讲稿的主题线索娓娓道来,演讲情感自然流露,能够实现演讲的最佳效果。同时,演讲者的事先写作给演讲者预先设计好了语言表达蓝图,从而使其思路畅通无阻,这样可以消除演讲者演讲时的种种顾虑和恐惧心理。作为初次演讲者,即使忐忑不安,但由于有演讲稿做依据,也可以顺利表达演讲内容,不至于出现中断演讲的现象。而有了演讲稿作为表达基础,除了有利于演讲者轻松自如地进行语言表达外,也有利于演讲者专心致志加强态势技巧,全力发挥其主动性和灵活性,达到演讲过程声情并茂、圆满成功的效果。

4. 限定演讲时速,把握演讲节奏

任何人、任何场合的演讲都是受时间限制的,总是要在一定的时间范围内完成,短的几分钟、十几分钟,长的一两个小时甚至半天或一天。如果没有演讲稿,演讲时间往往难以把握得当,常常出现或者前松后紧,或者前紧后松,或者虎头蛇尾,或者画蛇添足的状况,对演讲的整体安排不够合理,难以突出演讲重点、实现演讲效果。而准备好了演讲稿后,则可以计算和确定演讲的速度。一般来说,演讲的速度是平均每分钟 220 个字左右,在明确了演讲稿的字数和演讲者自身的表达速度之后,就可以有条有理、从容不迫地在指定时间内完成演讲。

二、演讲稿的构思

（一）演讲稿的选题

1. 演讲稿的选题方法

演讲稿选题的好坏直接关系到演讲的成败，一个新颖而独特的选题往往能为整个演讲起到画龙点睛的作用。演讲选题通常有以下三种情况。

（1）演讲者根据组织者给定的主题而选题。

（2）演讲者根据组织者规定的大致范围而选题。

（3）演讲者根据自身特点自选演讲主题。

选题是演讲的核心，但又不仅限于核心，也包括由这个核心辐射出去或因这个核心聚拢而来的相关的人、情、事、理。选题可以单独存在，也可以与题目、主题、立意一起构建一个更为完善全面的整体。成功的选题不仅可以在演讲的过程中赢得受众的共鸣，还将在更大的空间范围内和更长的时间跨度中引起轰动效应，从而真正体现演讲意义的深远和价值的无限。

2. 演讲稿的选题原则

选题在整个演讲过程中具有十分重要的作用，在决定演讲选题时应遵循以下几个原则。

（1）选题要有强烈的时代感。演讲活动是演讲者通过对社会现实的判断和评价，直接向广大听众公开陈述自己主张和看法的一种现实活动。符合时代精神、紧追时代步伐的演讲选题更容易引起大家的共鸣。演讲的选题，可以赞颂和弘扬进步的思想，也可以批评和鞭挞落后的思想；可以宣传提倡真善美的事物，也可以揭露抨击假恶丑的事物。

（2）选题要有积极意义。积极向上的选题是演讲的真谛，只有具有积极意义的选题才能起到激励和教育的作用，才能唤起人们对工作、学习、事业等的高度责任感。演讲选题要选取能给听众指明行动方向、指出行动的手段和方法、给听众以希望的材料，选择那些光明的、美好的、富有建设性的题目；要选择符合听众心理和要求的材料。

（3）选题要考虑听众需求。演讲选题要处理好听众认识能力与选题内容的关系，要根据听众的文化层次、职业特征、年龄及兴趣点选择恰当的演讲主题。例如，对一群老师讲护理知识，对一群解放军战士讲营销知识，对一群学生讲爱岗敬业，都是离题十万八千里。

（4）要选自己熟悉的题目。确定选题时要选择自己比较熟悉，进行过研究和探讨的，并且有条件、有把握讲好的题目。选择自己熟悉、擅长的领域不仅可以使演讲更加深入、透彻，还会使演讲更有说服力。例如，一个裁缝做美食方面的演讲肯定不够专业，也没有多少人有兴趣听。

（二）演讲稿的立意

立意是文章的核心思想，是文章想表达的核心观点。演讲稿的选题和立意既有联系又有区别。选题是演讲稿立意的基础和范围,立意是演讲者对演讲主题的把握,是对选题的主观的独特感受。演讲的立意和写文章一样必须采取“意在笔先”的原则。一篇好的演讲稿的立意必须符合以下要求。

1. 观点正确

观点正确是演讲稿写作的最基本的要求。演讲稿观点正确,就是指演讲稿要符合马克思主义基本原理,符合中国共产党的路线、方针、政策等,符合广大人民的根本利益,顺应民心。要做到这一点,演讲者必须不断学习,树立科学的世界观,用辩证唯物主义和历史唯物主义的立场、观点和方法去观察问题、分析问题,才能抓住事物的本质。

2. 态度鲜明

态度鲜明是指演讲的主题能明确表示演讲者的爱憎、赞成或反对等态度。一个演讲稿必须有一个集中、鲜明的态度,能够明确表达出演讲者支持什么、反对什么,一旦中心模糊不清,就很难产生影响听众的力量。

3. 开掘深刻

开掘深刻是指在演讲中要能讲人所未讲、发人所未发的独到见解。演讲稿必须具有普遍而深刻的教育意义,演讲者对事物的认识应由表及里、由浅入深,实现思想认识的飞跃。演讲者说出别人想说而没有说的话,因而博得听众的赞赏和欢迎,这是高明。如果演讲者说出了别人想都没有想过的东西,甚至由于这样的演讲,使原来不想做某件事情的听众后来想做了,这是更大的高明。

4. 以小见大

一滴水珠虽然渺小,却能折射出太阳的光芒。即使是现实生活中一些平凡的小事,对善于演讲的人来说也能挖掘出事物的真谛。演讲稿想要立意深刻,就必须以一斑窥全豹,以小细节见大境界。

(三)演讲稿的提纲编列

编列演讲提纲是演讲前的一项重要的准备工作,是演讲成功不可缺少的重要因素,也是演讲临场发挥的重要依据。编列演讲稿的提纲在整个演讲过程中起着举足轻重的作用。

1. 编列演讲提纲的含义

编列演讲提纲是指写作演讲稿或演讲之前对于演讲整体内容的构思和安排,通常使用内容提要或图表的方式列举一篇演讲的观点、材料及材料的组合与安排方式等。

编列演讲提纲没有固定的格式,通常有概要提纲和详细提纲两种方式。概要提纲就是以极其简洁的语言和高度压缩的方式简明扼要地列举出演讲的主旨、材料、层次和大意等。详细提纲则是具体、细致的写作,它基本上是演讲的缩影,有利于演讲者对整个演讲的掌握。演讲提纲既可以编写成书面文字,也可以不写成文字形式,只在脑海里思考,打成“腹稿”,这种形式主要用于即兴演讲之前。

2. 编列演讲提纲的意义

(1) 明确思路,有的放矢。演讲之前,演讲者对演讲主题和演讲内容一般会有一个大概的轮廓,通过编列提纲,可以把“腹稿”的轮廓用文字固定、明确下来,以免写作或演讲时遗忘;同时,编列提纲的过程也是对“腹稿”不断加以修改和补充的过程,这样可以使整个演讲过程的构思更为周密完善。

(2) 确定内容,详细构思。演讲提纲是演讲者正式演讲时演讲内容的纲领、计划和“蓝图”,而拟订提纲的过程就是对演讲内容详细构思的过程,这个构思过程不仅包括演讲题目、结构层次、论述要点、典型事例、引文材料及有关资料等,而且显示整个演讲的基本内容和论证过程。这样具体、详细的演讲提纲为演讲者撰写演讲稿或依据提纲发表演讲创造了充分的准备,为演讲成功打下了良好的基础。

(3) 训练思维,避免遗忘。演讲提纲的编列过程是对演讲内容和演讲模式反复思考与修改的过程,要求提纲编列者仔细推敲演讲宗旨是否正确、演讲材料是否真实、演讲层次是否清楚、演讲的前后段落是否均衡。这个过程其实也是培养和锻炼演讲者观察问题、思考问题、分析问题的思维能力的一个过程。同时,详细的提纲可以为演讲者的演讲提供详细的内容提示,避免演讲者在演讲过程中因为紧张或者忘词而冷场的局面。

3. 演讲提纲中应列举的内容

演讲提纲中应列举的内容指的是详细的提纲应该具备的内容,它包括以下几个方面。

(1) 演讲的标题。演讲的标题是演讲的“眉目”,好的标题能够给听众留下鲜明的印象,引起听众浓厚的兴趣,为演讲顺利展开创造有利的条件。在编列提纲时,要为演讲拟定一个恰当的标题。标题可以只有一个正题,也可以既有正题,又有副题和插题。

(2) 演讲的中心论点和分论点。演讲稿的主体框架包括中心论点和分论点。分论点还包括更小的论点。在编列演讲提纲时,哪个属于中心论点,哪个属于分论点;在几个分论点中,哪个应该在前,哪个应该在后,这些都应该在演讲提纲中明确、清晰地显示出来。

(3) 演讲所需要的事实材料、理论材料和参考材料等。事实材料主要包括例证数据和实物等。理论材料主要包括科学原理、科学定律、法律条文、有关文件规定及名言、警句、谚语、成语等。参考材料泛指演讲时需要的各种材料或与演讲内容有关的各种备用材料。这些材料,有的可以简明扼要地摘抄在提纲上,有的可以仅仅在提纲上做个标记另外制作卡片。必要时,还可以将材料进行编排,制成不同的图表,这样材料使用起来会灵活方便、得心应手。

(4) 演讲的内在逻辑联系、演讲内容和演讲层次的先后顺序。不少演讲的头绪繁多,结构层次复杂,蕴含信息量也较大,容易出现内容交错、思维混乱的局面。在编列演讲提纲时,需要分清演讲内容的轻重缓急和演讲结构的先后排列。要梳理内容和结构上的内在逻辑联系，不能随便颠倒混乱，要防止演讲内容出现杂乱无章、轻重倒置、前后脱节和残缺不全等现象。

（5）演讲的开头和结尾。演讲的开头和结尾对演讲效果能否实现、演讲能否获得成功起着至关重要的作用。在编列演讲提纲时应该仔细思考：采用什么样的方式开头和结尾才更能吸引听众的注意力，才能实现演讲的目的，获得演讲的最佳效果。在编列演讲提纲时，要确定开头和结尾两部分内容。

拓展阅读

克里斯·安德森的自我介绍

我想带你回到1977年，去牛津大学的一间教室。你打开门，仿佛里面空无一人。

等等，在一个角落里，有个男孩正躺在地板上，盯着天花板。那就是我，21岁的我。我正在思考，苦苦地思考。我试图……请别笑……我试图解决关于自由意志的问题。就是那个困扰了世界上的哲学家至少2 000年的深奥而神秘的问题吗？没错，我思考的正是那个问题。

所有客观审视这一场景的人都会得出这样的结论：这个男孩是傲慢与虚妄的怪异组合，或者他只是有些孤僻，不善社交，更喜欢与思想为伴而不是与人为伴。

那我自己怎么看呢？我是一个梦想家，一直都迷恋思想的力量，而且我相信，正是这种内倾意识使我在远离传教士父母的情况下，能在印度和英国的寄宿学校里不断成长，也让我有信心去创办媒体公司。当然，正是住在我心里的那个梦想家深深爱上了TED（technology，entertainment，design）。

最近，我一直在思考演讲革命的问题，它将走向何方……

资料来源：https://book.douban.com/review/9873183/（有改动）

（四）演讲稿的结构

演讲稿的结构在形式上分为开头、主体和结尾三个部分，在内容上包括提出问题、分析问题和解决问题三个方面。

1. 开头

演讲的开头也叫开场白，它在演讲稿的结构中处于显要的位置，具有领先的特殊作用。演讲稿的开头在整个演讲过程中起着极其重要的作用。好的开场白能够紧紧地抓住听众的注意力，为整场演讲的成功打下基础。

视频
演讲的开头

（1）演讲稿的开头在演讲者和听众之间架起一座沟通思想感情的桥梁，能够唤起听众浓厚的求知欲，引起听众的心理相容，实现与听众的心理共鸣。

(2) 演讲稿的开头能够引出演讲话题，为整个演讲内容的展开做好铺垫，也为整个演讲主体的表达开启话题，奠定演讲的整体基调和气场。

常见的演讲开头有设问式开头、叙事式开头、解题式开头、明旨式开头、抒情式开头、示物式开头等形式。

2. 主体

演讲稿的主体，又称正文，是演讲稿的核心部分，也是演讲稿的高潮所在。主体能否写好直接关系到演讲的质量和效果。主体部分的写作要做到紧扣主题、层次分明、条理清晰、逻辑严密、张弛有致、变化有序、引人入胜、生动感人。主体部分的安排，要注意以下几个问题。

(1) 确定结构形式。演讲稿的形式丰富多样，或旁征博引、剖析事理，或引经据典、挥洒自如，或层层深入、细致入微，或就事论事、直接明了。不管采用哪种结构形式，都要求做到内容突出、问题说透、推理严密、层次清晰、情理交融。

(2) 组织主体材料。主体部分论述可以采用理论论据，也可以采用事实论据，两种方式组织安排要恰当合理，要确保引用论据的真实可靠，同时要注意引用论据的典型性和说服力，做到有理可循、有据可依。演讲稿一般 30 分钟左右就好，内容要求言简意赅，能起到画龙点睛的作用。

(3) 构筑演讲高潮。一个成功的演讲，在演讲过程中必会掀起演讲高潮。演讲高潮部分的特点主要体现在以下几个方面。

① 思想深刻、态度明确，充分体现演讲者的思想观点。

② 感情强烈，尽情宣泄演讲者的爱憎与喜怒。

③ 语句精练，能够用最简练的语言表达演讲者的思想和情感。

视频
共鸣的技巧

这部分演讲要注重思想感情的升华，必须建立在对某个问题有较为深刻全面的分析、论证的基础上。演讲者的思想倾向要逐渐明朗，听众也能逐渐领会演讲者的思想观点，并有可能与演讲者的思想感情产生共鸣，从而构筑高潮。此外，还要注意语言的锤炼，使用排比、反问等句式增加气势，也可借助名言警句把思想揭示得更深刻和透彻。

3. 结尾

结尾是演讲内容的自然收束，起着深化主题的作用，是演讲稿的有机组成部分。结尾可采用归纳、引文、反问等形式，也可以采用感谢、展望、鼓舞等语句做结尾。言简意赅、余音绕梁的结尾能够使听众精神振奋，并促使听众不断思考和回味。演讲结尾应注意以下几点。

(1) 不可虎头蛇尾、草草收兵。演讲的结尾要有一定的力度和高度，要尽量将全文的内容升华到新的层次。既能照应开头、总结全篇，又能突出重点、深化主旨，给听众留下完整而深刻的印象。应该避免在演讲的开头泛泛而谈，结尾时不做强调，甚至没有必要的概括的局面。

(2) 不可画蛇添足、节外生枝。演讲的结尾应出人意料、耐人寻味,使人觉得余音绕梁、不绝于耳,这是演讲结尾的最佳状态。演讲结尾切忌画蛇添足、节外生枝。有些演讲者在演讲内容结束之后,还要另外加上一些不必要的补充,拖拖拉拉,讲个没完,这就会造成听众心理上的疲劳和精神上的困倦,让听众产生不满甚至反感的感情。

(3) 不可千篇一律、言之无物。有的演讲者开始说得不错,但一旦要结尾就落入俗套,尽说些故意做作的、令人生厌的客套话,或谦虚,或致意,或喊几句空口号,或提几点无所不包的要求与希望,给听众的信息几乎为零,这样的演讲效果可想而知。

(4) 不可旁敲侧击、讽刺挖苦。有的演讲者在演讲过程中,听众注意力不够集中,没有全神贯注听取演讲者的演讲,在演讲结尾时,演讲者就故意说上几句旁敲侧击的讽刺挖苦话,以此发泄心中的不满。这种做法不但影响演讲的整体效果,更表现出演讲者思想素质的低下,也是演讲过程中的大忌。

三、材料的整理和提炼

"巧妇难为无米之炊",对材料的收集积累、整理提炼是演讲准备过程中一个非常重要的环节。关于材料的收集,茅盾曾有过一个生动的比喻:"采集之时,贪多务得,要跟奸商一样,只消风闻得何处有门路,有货,便千方百计钻挖,弄到手方肯死心。不管是什么东西,只要是可称为'货'的,便囤积,不厌其多。"但只有多是不行的,如果没有科学有效的归纳整理,那到需要材料的时候,无异于大海捞针。因此,一定要学会对材料进行整理和提炼。

(一) 材料的分类和归纳

物以类聚,人以群分。分类似乎是人类与生俱来的一种能力,对材料也是一样。自从人类知道收集、保存和利用资料以来,就懂得了一个道理:要想充分利用资料,必须善于管理资料;要善于管理资料,就必须用科学的方法将它们分门别类,这样,才方便寻找和运用。

对演讲材料而言,分类或归纳的标准很多,材料的性质、形式、特点、内容、主题、用途等都可以作为分类的依据。

1. 颜永平(清华大学定向生第二课堂导师)对材料的分类

颜永平有一个博客,名字就是"颜永平演讲",打开博客主页,分类目录一清二楚。

演讲培训动态;

演讲培训大纲;

演讲视频集;

演讲文章;

演讲名家介绍;

演讲比赛资料;

演讲夏令营；

旅游风景照……

就像一个勤快聪明的主妇，哪些物品放在哪里，哪些家具怎么摆放都要做到心中有数，这不仅可以使自己生活在一个整齐干净的环境中，连来往的客人也感到舒适方便。

2.《魅力口才五个一百》对材料的分类

《魅力口才五个一百》是中国著名演讲力培训专家文若河所著的一本非常实用的口才工具书，里面没有空洞的说教，没有宽泛的道理，而是将五百个锦囊妙计进行清晰明了的分类，让初学者也能出口成章。

一百个经典故事；

一百句哲理名言；

一百句诗词名句；

一百个幽默笑话；

一百个时尚流行语。

在一些大的章节中，又分别进行了主题内容的划分。例如，在"一百个经典故事"中，他又划分出人生感悟篇、修身律己篇、励志奋进篇、亲情友情篇、爱情婚姻篇和生活点滴篇，使读者在增长见识、提升文化的同时，轻松便捷地掌握了说话的方法和技巧。

3. 李元授(武汉大学新闻学院教授)对材料的分类

当然，还可以更有针对性一些，根据演讲的不同组成部分或演讲的不同类型将材料进行划分，李元授编著的《演讲艺术品评》一书，就将所点评的材料分成了以下几个类别：

精彩纷呈的开头；

斑斓有力的结尾；

严谨完整的结构；

生动优美的语言；

丰富精当的选材；

妙趣横生的辩论演讲；

扣人心弦的即兴演讲。

而在《演讲精品选粹》当中，李元授又将材料进行了新的划分：

政治演讲片段；

军事演讲片段；

外交演讲片段；

竞选演讲片段；

婚庆演讲片段；

校园演讲片段……

总之，材料的整理要有条理、有规律，这样才能事半功倍。

（二）材料的提炼和加工

虽说在材料的收集整理方面提倡多多益善，但任何事物都是相对的。因此，有了材料也不一定就有了好的演讲稿，演讲稿也不是大量材料的罗列和堆砌，演讲者必须考虑资源的有效合理利用，训练自己对材料的筛选、提炼和加工能力。

1. 要提炼加工新鲜的材料，避免材料的陈旧性

自中华人民共和国建立至今70多年以来，我国在教育、工业、农业、医疗等诸多领域都有着高速的发展与长足的进步。这些进步极大改变了中国的面貌、中国人民的面貌，在实现中华民族伟大复兴的道路上迈出一步步铿锵有力的步伐。这些成就都是非常好的演讲材料。演讲者应该找些新鲜材料，最好换些时间上近、距离上短的材料，也可以是身边的人、身边的事，演讲者要能够把大家经历的事、熟悉的景连成一幅幅有声有色的画面，跃然于听众的眼前。

2. 要提炼加工自己的材料，尽量使语言通俗易懂

通俗易懂是一篇好的演讲稿必须具备的特点，演讲稿要能够用听众熟悉、能马上理解的语言，把要讲述的内容表达出来。正如老舍所说："我们的最好的思想，最深厚的感情，只能被美妙的语言表达出来。若是表达不出，谁能知道那思想与感情怎样好呢？"

演讲稿切忌采用生涩、艰深、冷僻的词语，避免引用不好理解的古文和诗词，避免过多使用专业术语和学术名词，语言一定要明朗化、浅易化、大众化。

3. 要提炼加工现实的材料，不要误入虚构歧途

演讲者可以将日常生活、工作、学习中获得的材料用于演讲，也可以从图书、报刊、文献中获取广泛的材料来源。材料的整理和提炼是一项相对琐屑的基础工作，必须持之以恒。无论通过哪种渠道获得材料，演讲者都要做到广泛采撷、精挑细选、分类归档，使材料条理化、系统化；要以敏锐的洞察力进行思考、琢磨，不可人云亦云；要从中发掘新意，提出自己的观点和见解，使之具有新的色彩。

拓展阅读

在马克思墓前的讲话

3月14日下午两点三刻，当代最伟大的思想家停止思想了。让他一个人留在房里还不到两分钟，当我们进去的时候，便发现他在安乐椅上安静地睡着了——但已经永远地睡着了。

这个人的逝世，对于欧美战斗着的无产阶级，对于历史科学，都是不可估量的损失。这位巨人逝世以后所形成的空白，不久就会使人感觉到。

正像达尔文发现有机界的发展规律一样，马克思发现了人类历史的发展规律，即历来为繁芜丛杂的意识形态所掩盖着的一个简单事实：人们首先必须吃、喝、住、穿，然后才能从事政治、科学、艺术、宗教等等；所以，直接的物质的生活资料的生产，进而一个民族或一个时代的一定的经济发展阶段，便构成基础，人们的国家设施、法的观点、艺术以至宗教观念，就是从这个基础上发展起来的，因而，也必须由这个基础来解释，而不是像过去那样做得相反。

不仅如此，马克思还发现了现代资本主义生产方式和它所产生的资产阶级社会的特殊的运动规律。由于剩余价值的发现，这里就豁然开朗了，而先前无论资产阶级经济学家或者社会主义批评家所做的一切研究都只是在黑暗中摸索。

一生中能有这样两个发现，该是很够了。即使只能做出一个这样的发现，也已经是幸福的了。但是马克思在他所研究的每一个领域，甚至在数学领域，都有独到的发现，这样的领域是很多的，而且其中任何一个领域他都不是浅尝辄止。

他作为科学家就是这样。但是这在他身上远不是主要的。在马克思看来，科学是一种在历史上起推动作用的、革命的力量。任何一门理论科学中的每一个新发现——它的实际应用也许还根本无法预见——都使马克思感到衷心喜悦，而当他看到那种对工业、对一般历史发展立即产生革命性影响的发现的时候，他的喜悦就非同寻常了。例如，他曾经密切注视电学方面各种发现的进展情况，不久以前，他还密切注视马赛尔·德普勒的发现。

因为马克思首先是一个革命家。他毕生的真正使命，就是以这种或那种方式参加推翻资本主义社会及其所建立的国家设施的事业，参加现代无产阶级的解放事业，正是他第一次使现代无产阶级意识到自身的地位和需要，意识到自身解放的条件。斗争是他的生命要素。很少有人像他那样满腔热情、坚韧不拔和卓有成效地进行斗争。最早的《莱茵报》(1842 年)，巴黎的《前进报》(1844 年)，《德意志—布鲁塞尔报》(1847 年)，《新莱茵报》(1848—1849 年)，《纽约每日论坛报》(1852—1861 年)，以及许多富有战斗性的小册子，在巴黎、布鲁塞尔和伦敦各组织中的工作，最后，作为全部活动的顶峰，创立伟大的国际工人协会，作为这一切工作的完成——老实说，协会的这位创始人即使没有别的什么建树，单凭这一成果也可以自豪。

正因为这样，所以马克思是当代最遭忌恨和最受诬蔑的人。各国政府——无论专制政府或共和政府，都驱逐他；资产者——无论保守派或极端民主派，都竞相诽谤他，诅咒他。他对这一切毫不在意，把它们当作蛛丝一样轻轻拂去，只是在万不得已时才给以回敬。现在他逝世了，在整个欧洲和美洲，从西伯利亚矿井到加利福尼亚，千百万革命战友无不对他表示尊敬、爱戴和悼念，而我敢大胆地说：他可能有过许多敌人，但未必有一个私敌。

他的英名和事业将永垂不朽！

资料来源：https://yuwen.chazidian.com/kewendetail3984/

第二节 演讲稿的写作技巧

一、演讲稿开头的类型

根据演讲的规律和实践经验的总结，演讲开头可分为以下几个类型。

（一）提问式开头

演讲开头便向听众提出一个或几个问题，请听众与演讲者一起思考，这样的提问式开头可以立即引起听众的注意，促使他们集中思想投入演讲中来。听众带着问题听讲将大大增加他们对演讲内容认识的深度和广度。开头设计的问题应围绕演讲中心或引起人们的兴趣，或发人深省，否则容易弄巧成拙，失去这种开场白的优势。例如，曲啸的《人生·理想·追求》就是这样开头的："一个人应该怎样对待自己青春的时光呢？我想在这里同大家谈谈我的情况。"

（二）新闻式开头

演讲者首先当众宣布一条引人注目的新闻以引起全场听众的高度注意。例如，题为"文明古国的悲哀"的演讲稿采用的就是新闻式开头："据一家国家级的报纸报道，在国外，几乎所有国家的公共场所都专门贴有用中文写的告示牌——请不要随地吐痰和乱扔果皮、纸屑。朋友们，这并非是一件正常的小事，而是对号称文明古国的子孙们的一种讽刺。"这样的开头，一下子就使听众为之震惊，并对事态关注起来。但这种新闻必须真实、可靠，有时效性，不能是过时的旧新闻，切忌故弄玄虚。

（三）赞扬式开头

人们一般有倾向表扬语言的心理，演讲者在开场时说几句赞扬性的话可以尽快缩短与听众的感情距离，但要注意分寸，否则会给人哗众取宠、油嘴滑舌的印象。例如："不是每朵鲜花都能代表爱情，但是玫瑰做到了；不是每棵树都能耐得住干渴，但是白杨做到了；不是每个人都追求上进、想挑战自我、改变人生、成就梦想并与众不同，但是在座的各位——你们做到了！所以，应该把掌声送给我们自己！”

（四）悬念式开头

在演讲稿的开头，设置一个令人好奇而又不能马上知道事情底细的情景，即为悬念式开头。悬念能引起读者浓厚的兴趣和急切想知道事情底细的心理，使情节发展更具有吸引读者关注、引人入胜的魅力。开头设置悬念，创设必要的氛围、环境，有助于展开矛盾，推动情节的发展。例如，钱谷融在上海文艺理论研讨会上的演讲就是这样的开头：“请允许我讲一个故事。有位先生原来有妻室，是父母包办的婚姻，虽然妻子很贤惠，但感情这东西不像数学‘1＋1＝2’那样简单清楚。他在社交中认识了某位女士，一来二往，两人就情投意合，就是说情已他移。这难以多责怪，因为他们确有共同语言，真正感受到恋爱的甜蜜。然而，他却很苦恼，尽管非常爱她，却不敢挽着这位女士的手臂走进公共场合，而是专心地带着他的老婆，还要在脸上堆着笑，显得很恩爱。更叫他疑虑重重的是，不少人尽可以私下里赞同他的恋爱观，可是如果一到了公开场合，准会侧目以待，甚至慷慨陈词，所以他只能苦恋着。诸位，我就是那位先生，那位女士就是我的《论文学是人学》！但是今天，我终于把她带到大庭广众中来了！”

智慧故事

十里桃花万家酒店

唐朝有个诗人名叫汪伦，他年轻的时候住在安徽泾县桃花潭边的小镇上。他十分仰慕大诗人李白，只可惜无缘相识，一直想寻个机会目睹一下这个“诗仙”的不凡风采并交个朋友。

有一次，碰巧李白遨游名山大川到了皖南。汪伦寻思：有什么方法能够结识李白呢？

他忽然间想起李白生平有两大喜好：一爱喝酒，二爱桃花。于是他灵机一动，给李白写了封邀请信。信上说：“先生好游乎？此地有十里桃花。先生好饮乎？此地有万家酒店。”

李白接到这封信以后，正合他的心意，于是欣然赶到桃花潭来见汪伦。

两人寒暄后，李白说：“我是特地来观十里桃花、尝万家酒店的酒的。”

这时候，汪伦才告诉李白：“十里桃花说的是十里之外的桃花泼，万家酒店是指万家潭西一个姓万人家开的酒店。”

李白听罢，才知自己“上了汪伦的当”，大笑不已，并称赞汪伦的聪敏。

李白在汪伦家盘桓数日，临别之时，李白感激汪伦一片盛情，特做了《赠汪伦》绝句一首相赠。

（五）直入式开头

直入式开头的特点是开门见山，言简意赅。使用这种方式开头能够直截了当地写出演讲的主题。例如，1914年李卜克内西《在德国国会上反对军事拨款的声明》开头就说，“我投票反对这项提案，理由如下……”运用这种方法，必须先明晰地把握演讲的中心，把要向听众提示的论点摆出来，使听众一听就知道讲的中心是什么，注意力马上集中起来。

（六）道具式开头

道具式开头又称实物式开头，演讲者在开讲前，先展示某种实物，能给听众一个新鲜、感性的直观印象，实物展示式开头可以引起听众的注意，充分地调动起听众的兴趣和期待心理，一下子抓住听众。道具可以是一幅画、一张照片、一张图表、一件衣服等。例如，2015年Toastmasters国际演讲比赛冠军Mohammed Al-Qahtani的*The Power of Words*就是这样的开头。他开始演讲前，拿出一个打火机和一根香烟假装要抽烟，台下的听众对他大呼“不可以”，他一脸不解地说：“为什么？抽烟有害健康吗？让我来告诉你们真相吧。其实肺癌的罪魁祸首是DNA而不是香烟，全球禁烟是因为要限制烟草种植业发展。”

停顿了一会儿，他又说：“其实，我刚刚慷慨陈词是编出来的，我跟我所有的朋友去说，结果真有五个人信了，其中两个人开始吸烟。语言说得合适、说得巧妙，可以改变人的思想，重塑一个人的三观。你有能力让失败者逆袭，也有能力用只言片语毁掉别人的幸福。是不是听起来美妙得不可思议？简单的遣词造句就可以让别人接受你的观点，你可能有一番好意，但用错了语言。”

（七）幽默式开头

用幽默诙谐的语言和新奇贴切的比喻开头，既能紧抓住听众的心，引人发笑，又能活跃会场气氛，让人在笑声中思考。例如，美国黑人领袖约翰·罗克《解放黑人奴隶》的开头：“女士们，先生们！我来这里，与其说是发表讲话，还不如说是给这一场合增添一点‘颜色’。”

（八）渲染式开头

渲染式开头是创造适宜的环境气氛，引发听众相应的感情，引导听众很快进入讲题的开头方法。例如，一篇名为“生命的追问”的演讲就是这样开头的：“有一个小女孩是个盲人，她从出生那天起就看不到太阳，看不到世上的一草一木。她最大的心愿就是想知道能给她带来温暖的太阳究竟是什么样子。在她3岁生日这天，她的爸爸把她带到一个菜园里，让她用手在一种蔬菜上来回抚摸，爸爸说：‘这是番茄，很好看，红红的、圆圆的、亮亮的，像太阳……’小女孩快乐地笑着，她没想到她最渴望看到的太阳原来就在身边，她觉得自己很幸福……”

（九）名言式开头

格言、谚语、诗词名句、名人名言等具有思想深邃和语言优美的特点，具有广泛的群众基础，对青年人更有魅力。若能适当地运用名言作为开头，也可以收到很好的效果。但需要注意的是，并不是只要引用名言做开头就都有好处。那些司空见惯的、反复被人引用的往往会给人俗套之感，不仅不能起到吸引人的作用，反而会使得全场嘘声四起。引用名言要让听众有回味、咀嚼的余地。哲理性要强，但不要太深奥晦涩，应当注意语言的通俗性。例如，一篇《不忘国耻，振兴中华》的演讲的开场白是这样的："记得有这样一句名言，'一个人的创伤只会痛苦一时，一个民族的耻辱却足以铭记千年。'"这样的演讲开头简明、有力，很好地揭示了演讲的主题，引发听众思考。

二、演讲稿正文的写作要求

演讲稿的正文部分是指开头与结尾之间的文字，也是演讲稿的主体部分，是一篇演讲稿的躯干和重点，它直接关系着演讲的成功与失败。演讲稿正文部分的写作要求如下。

（一）紧承开头

演讲开场提出了问题，正文部分就要紧接着加以论述。如果开头提出了一个问题，主体却去讲另一个问题，就会上下脱节，势必会导致整篇演讲结构松散，甚至文不对题。

（二）选好重点

任何一篇演讲稿都有重点和非重点，主要部分和次要部分。一篇演讲稿如果没有重点，没有主次，那么，无论是演讲者还是听众都会抓不住要领。

演讲稿的重点是指那些能体现演讲中心和目的的蕴含着深刻思想与充满感情的段落和语句。演讲稿主体的重点包括部分、层次、段落、小的层次、语句等及非重点内的主次关系。演讲稿主体的重点随着演讲内容的不同而有所不同。就整篇演讲稿来说，重点在篇首的很少，绝大部分在主体中，也有的在篇尾。无论在哪个部分，重点表现在一两个词句上的很少，绝大部分是集中在由几个段落结合而成的一个层次、一个部分，或集中在一个层次、一个部分的几个段落上。

（三）表明层次

层次是演讲稿思想内容的表现次序，它既体现了演讲者思维进程的阶段性的具体表现，也反映了演讲者对客观事物的认识过程。

1. 划分层次的方式

演讲稿划分层次的主要方式有以下三种。

（1）平行并列。这种讲述层次安排的特点是对演讲中心所涉及的几个主要问题分别进行讲述。几个层次之间的关系是并列的，它们或从不同角度来表现演讲中心，或从不同侧面去共同论证某一个论点。

(2) 正反对比。这种讲述层次是将分论点与分论点之间、段落与段落之间进行一正一反的对照，使听众从两种事物的不同或对立中辨明谁是谁非，认识中心论点的正确性。

(3) 层层深入。这种形式是分论点、段落之间步步深入，层层推进。分论点、段落之间必须有严密的逻辑关系，先讲什么，后讲什么，顺序不能随意变动。这种讲述方式一般采用两步递进、三步递进或四步递进的形式。

2. 层次划分时易犯的错误

在写演讲稿的主体部分、安排讲述的层次时，易犯的错误主要有以下两点。

(1) 划分层次的内容分散或不准确。

(2) 次序排列混乱。

要防止这些错误，演讲稿的写作者要认真观察和分析客观事物及其内在联系，通过现象把握本质，从主题的需要出发，恰当地安排讲述的层次。

智慧故事

一句话演讲

美国的威尔伯·莱特和奥威尔·莱特兄弟二人是人类航空史上勇敢的开拓者，他们于1903年12月17日成功地驾驶有动力的飞机，飞上了蓝天。

飞行成功后不久，莱特兄弟前往欧洲旅行。在法国的一次欢迎酒会上，主人再三邀请他们做演讲。盛情难却，威尔伯·莱特只好开口。他说："据我们所知，鸟类中会说话的只有鹦鹉，而鹦鹉是飞不高的！"

这一句话的演讲，博得了酒会上所有人的交口称赞。

(四) 划分段落

层次反映演讲内容的表现次序，段落则是表达演讲思路的一个步骤。划分好段落可以使演讲稿眉目清楚，便于演讲者阅读、理解，并在演讲时做适当的停顿。划分好段落，有时还会对演讲的内容起强调或加强的作用。

构段时要注意内容的统一与完整，各段之间应该有内在联系，并且段落长短要适度。统一是指一段要集中表达一个意思。如果一段中有几个不同的意思就会使听众抓不住演讲的中心。

完整是指一个意思要在一段里集中讲完，不能分散到几段中重复地去讲。各段之间有内在联系是指各段之间内容连贯，上下段之间在内容上有逻辑联系，体现出段落意思的必然发展。

长短适度是指构段不能太长或过短。段落过长或过短都不利于演讲的进行。过短会显得段落零碎，无论演讲者还是听众都难以掌握其中心意思。过长会导致一段的内容出现多层意思，缺少停顿，听众听起来太压抑，容易产生疲劳。

（五）注重衔接

演讲稿的衔接是指演讲稿的过渡与照应。随着层次的展开，中间环节的出现，演讲稿的内在联系变得越来越复杂。如果衔接不紧，便会出现结构松散零乱的状况，有损于演讲稿主体的整体性。因此，有必要采取恰当的过渡衔接手段，使复杂变清晰，隐藏变显露，以达到连贯思路、承上启下的效果。衔接巧妙、联络无痕，演讲稿似一气呵成、天衣无缝，这不仅能给人以脉络清晰的印象，更能使文章浑然一体，给人以完整的印象。

1. 演讲稿需要过渡的情况

过渡是指演讲稿层次与层次、段落与段落之间的衔接转换，演讲稿在下列情况下需要过渡。

（1）讲述的问题由总到分或由分到总时需要过渡。

（2）由一层意思转到另一层意思时需要过渡。

（3）由议论转为叙述，或由叙述转为议论时需要过渡。

（4）由一件事转到另一件事时需要过渡。

2. 演讲稿需要照应的情况

照应是指演讲稿前后内容上的关照和呼应。演讲稿在下列情况下需要照应。

（1）内容和演讲题目的照应。

（2）论点和表现中心思想的关键词语的照应。

（3）提出问题和解决问题的照应。

（4）内容之间的前后照应。

（5）开头与结尾的照应。

三、演讲稿结尾的方式

美国作家约翰·沃尔夫认为“演讲最好在听众兴趣未尽时戛然而止”，也就是说，最好在整个演讲内容达到高潮时果断“刹车”，以此来强化听众的最佳印象，实现演讲的最佳效果。一个出人意料、耐人寻味的好的结尾会起到锦上添花的作用，会在整个演讲过程中给听众带来一种精神上的愉快和满足。相反，如果演讲者设计和安排的结尾没有新意、波澜，给人泄气之感，则会使听众对演讲深感遗憾、失望甚至不待讲完就离去。可见，演讲的结尾是实现演讲效果的最后一步，它在整个演讲中起着不可忽视的重要作用。

演讲者可根据自己演讲的具体时间、地点、主题、听众及自己个性等因素选择适合自己结束演讲的方法，使之有效地为演讲的思想和目的服务。归纳起来，常见的演讲结尾方式主要有以下几种。

（一）总结式结尾

总结式结尾是指用极其精练的语言对演讲内容和思想观点做高度概括性的总结，以起到突出中心、强化主题、首尾呼应、画龙点睛的作用。例如，哈佛大学学生许吉如在《我是演说家》的舞台上，以“国强则少年强”演讲征服了观众。结尾处她这样说：“今日之中国固然强，但今日之中国少年，唯有更强。因为只有这样我们才能骄傲地回应，一百多年前梁启超先生的期盼，告诉他‘少年强则国强，中国强则中国少年更强。中国强，就是因为——少年强！’”这样一种强化的、充满力量的结尾，激起了观众的爱国之情，激情洋溢，富有鼓动性，收到了很好的效果。

（二）号召式结尾

号召式结尾是演讲者以慷慨激昂、扣人心弦的语言，对听众的理智和情感进行呼唤，通过提出希望、发出号召的方式向人们展示未来，以激起听众感情的波涛，使听众产生一种蓬勃向上的力量。例如，演讲稿《纪律约束才是最好的保护伞》，结尾时这样写道：“对于每个人来讲，有选择不同分工的自由，但要想取得理想的收获，就要遵守不同的规矩。由此可见，更早更多的监督、及时发现问题就是更好的保护。小错不断大错不犯，要防微杜渐，纪律约束是最好的防腐剂、紧箍咒或者说保护伞，请不要怀疑它，请不要排斥它，请不要拒绝它，谢谢大家！”

（三）决心式结尾

决心式结尾一般感情饱满，态度鲜明，热情奔放，有助于坚定听众的信念，增强演讲的感召力。例如，演讲稿《无愧于伟大的时代》结尾时这样写道：“同学们，让我们高高举起‘五四’的火炬，弘扬民主与科学的精神，把爱国之情、报国之志化为效国之行，用我们的热血和汗水、青春和智慧，甚至是生命，向我们的先辈和后代，向我们的祖国和民族呐喊：我们将无愧于伟大的时代，无愧为中华民族的炎黄子孙！我们将无愧为跨世纪的中国人！谢谢！”

这种结尾言简意赅、语言真切，充分表达了演讲者鲜明的立场和坚定的决心，从而有力地鼓舞着广大听众朝着提出的目标奋进。

（四）余味式结尾

余味式结尾一般语尽而意不尽，意在语外，余音袅袅，回味无穷。余味式结尾好像秋天瑰丽的晚霞一样，收得俊美漂亮，并且伴有“渔舟唱晚”的娓娓之声，让听众流连忘返，久久回味。例如，演讲稿《人生的价值何在》结尾时这样写道："我们的雷锋，在他短暂平凡的人生中，创造出了巨大的人生价值，给我们留下了无与伦比的精神财富，那么，亲爱的朋友们，在漫长而又短暂的人生之路上，我们将做些什么、创造些什么、留下些什么呢?"

这个结尾采取对比和提问的手法，令人听后深思，发人深省，叫人不得不扪心自问，三省吾身，给听众留下了哲理性的思索和回味。

（五）抒情式结尾

抒情式结尾是指演讲以抒情怀、发感慨的方式结尾。演讲本身是一种思想和激情的燃烧，用抒情怀、发感慨的诗情画意的语言结尾，最易激起听众心中感情的浪花。例如，演讲稿《奉献之歌》结尾时这样写道："啊！奉献，这支朴实的歌，这支壮烈的歌，这支深远的歌，这支永远属于母亲——祖国的歌，让我们每一个中华儿女都来唱这支歌吧！"

这个结尾，感慨万千，诗意浓浓，情真意切，情理俱在，给听众以极大的鼓舞和力量。

（六）名言式结尾

名言式结尾是指演讲用哲理名言、警句做结尾。这种结尾方式是通过引用名言、警句、谚语、格言、诗句等作为结尾，不仅能使语言表达得精练、生动、富有节奏和韵律，而且可以使演讲的内容丰富充实，具有启发性和感染力，给人一种生动活泼、别开生面之感。例如，演讲稿《谈毅力》结尾时这样写道："毅力是攀登智慧高峰的手杖；毅力是漂越苦海的舟楫；毅力是理想的春雨催出的鲜花。朋友，或许你正在向成功努力，那么，运用你的毅力吧。这法宝可以推动你不断地前进，可以扶持你渡过一切苦难。记住：'顽强的毅力可以征服世界上任何一座高峰！'（狄更斯语）"

视频
引用经典三注意

采用名言式结尾能给演讲者的思想提供有力的证明，增加演讲的可信度，显得更加优美、含蓄、睿智、大气，具有较强的说服力和鼓舞作用。

（七）高潮式结尾

高潮式结尾是指把演讲的高潮设计在最后，在高潮中结尾。演讲结束时，演讲者设法最后一次拨动听众的心弦，打开听众的心扉，掀起高潮。例如，演讲稿《论"男子汉"》的结尾："所以，真正的男子汉，不仅须博大、精深，有理性的头脑，能开创一番事业，不仅须刚毅、坚强，有无畏的精神，敢蔑视一切困难，他也须能宽容，具善意，有爱心。正所谓'无情未必真豪杰，怜子如何不丈夫'也。但愿我们的世界，因为会有更多的男子汉的出现，而充满了男性的美、男性的力度、男性的清醒与坚定，也充满了男子汉的深厚宽广的爱。"

这种高潮式结尾，从内容上讲要有一定的高度，因为它是全篇演讲的概括和总结；从语言角度上讲，语言的含义要一层高过一层，语言的力度要一句重过一句。

（八）祝贺式结尾

诚挚的祝贺和赞颂本身就充满了情感的力量，最容易拨响听众的情感之弦，产生和谐的共鸣。所以，用祝贺或赞颂的言辞结尾能造成欢乐愉快、热情洋溢的气氛，使人在愉快中增加自豪感和荣誉感，激励人们满怀信心去创造未来。例如，演讲稿《在迎新茶话会上的演讲》结尾时这样写道："最后，在春节即将到来之际，我借此机会向全市的父老兄弟、姐妹们拜个早年。祝老年人春节愉快、身体健康、寿比南山！祝中年人春节快乐、家庭幸福、事业成功！祝年轻人春节欢乐、爱情甜蜜、前程无量！祝大家年年幸福年年富，岁岁平安岁岁欢！谢谢大家！"

通过这些赞颂的话，会场活跃的气氛可达到一个新高潮，讲者和听者的关系从而变得更融洽。这样，演讲便给听者留下了一个满意的印象。但要注意演讲者在说此赞颂的话时不能过分，不合适的夸张和庸俗的捧场会令听者认为有哗众取宠之嫌。

（九）点题式结尾

点题式结尾是指演讲用重复题目的方式结尾。演讲的题目或标题是演讲的重要组成部分，是最具个性和特色的标志。在演讲结束时，如果重复题目，再一次点题，那么，就能加深听众对演讲的印象，使听众产生强烈的共鸣。例如，演讲稿《我爱长城，我爱中华》结尾时这样写道："雄伟啊长城，伟大啊中华！我登上崇山峻岭的高峰之巅，我站在万里长城耸入云端的城楼之上，我昂首挺立在世界的东方，在祖国的山川大地，向世界的大洲、大洋，向天外的星球宇宙，纵声呼喊：'我爱长城！我爱中华！'"

这种结尾方式，既表达了主题的需要，同时又对听众产生振聋发聩的冲击力。

（十）幽默式结尾

幽默式结尾是指演讲用幽默、风趣的语言结尾。除了某些较为庄重的演讲场合外，利用幽默话语结束演讲可为演讲添加欢声笑语，使演讲更富有趣味，令人在笑声中深思，并给听者留下一个愉快的印象。例如，鲁迅先生在上海中华艺术大学的讲演结尾时这样说道："以上是我近年来对于美术界观察所得的几点意见。今天我带来一幅中国 5 000 年文化的结晶。请大家欣赏欣赏。"说着，他一手伸进长袍，将一卷纸徐徐从衣襟上方伸出，打开看时，原来是一幅病态十足的月份牌，引得哄堂大笑。鲁迅在笑声和掌声中结束了他的演讲。

这个别出心裁、极具喜剧性的结尾不仅进一步深化了主题，使听众对那种拙劣的美术创作加深了认识，同时也给听众留下了许多演说者没有讲出来而又令人深思的空白，并让听众在美的享受和回味中，带着愉快的心情离开会场。

第三节　拟稿演讲训练

一、演讲稿记忆训练

拟稿演讲即有备演讲，是针对一定的场合，面对特定的对象，拟写好书面文稿后而进行的演讲。在有备演讲“写—记—扔—讲”的四部曲中，背记演讲稿尤为重要。记忆方法主要有默读、响读和情读三种。默读是从宏观和微观两个方面了解演讲稿的整体与细节，掌握演讲稿题旨，把握例证阐述。响读是读准字音，抑扬顿挫地读好句子，理解标点符号和语气的含义。情读是理解、感受演讲词的情调，注意适度和真实。

（一）记忆演讲词段落

演讲也需要一定的记忆力。不仅在台上演讲的时候，平时我们阅读的时候也是需要较强的记忆力的。一些好的词语、句子我们需要认真地记住它，这样慢慢积累下来，到我们上台演讲的时候就会有内容可讲了。诵读并记忆下面提供的作品选段，培训和加强自己的记忆能力。

选段一：梁启超《为学与做人》

诸君啊！你千万不要以为得些断片的智识，就算是有学问呀。我老实不客气告诉你罢：你如果做成一个人，知识自然是越多越好；你如果做不成一个人，知识却是越多越坏。你不信吗？试想想全国人所唾骂的卖国贼某人某人，是有智识的呀，还是没有智识的呢？试想想全国人所痛恨的官僚政客——专门助军阀作恶鱼肉良民的人，是有智识的呀，还是没有智识的呢？诸君须知道啊，这些人当十几年前在学校的时代，意气横历，天真烂漫，何尝不和诸君一样？为什么就会堕落到这样的田地呀？屈原说：“何昔日之芳草兮，今直为此萧艾也！岂其有他故兮，莫好修之害也。”天下最伤心的事，莫过于看着一群好好的青年，一步一步的往坏路上走。诸君猛醒啊！现在你所厌所恨的人，就是你前车之鉴了。

诸君啊！你现在怀疑吗？沉闷吗？悲哀痛苦吗？觉得外边的压迫你不能抵抗吗？我告诉你：你怀疑和沉闷，便是你因不知才会惑；你悲哀痛苦，便是你因不仁才会忧；你觉得你不能抵抗外界的压迫，便是你因不勇才有惧。这都是你的知、情、意未经过修养磨炼，所以还未成个人。我盼望你有痛彻的自觉啊！有了自觉，自然会成功。那么，学校之外，当然有许多学问，读一卷经，翻一部史，到处都可以发现诸君的良师呀！

选段二：左拉《在莫泊桑葬礼上的演说》

请允许我以法兰西文学的名义讲话，作为战友、兄长、朋友，而不是作为同行向吉·德·

莫泊桑致以最崇高的敬意。

我是在居斯塔夫·福楼拜家中认识莫泊桑的,他那时已在18岁到20岁之间。此刻他又重现在我的眼前,血气方刚,眼睛明亮而含笑,沉默不语,在老师面前像儿子对待父亲一样谦恭。他往往一个下午洗耳恭听我们的谈话,老半天才斗胆插上片言只语;但这个开朗、坦率的棒小伙子焕发出欢快的朝气,我们大家都喜欢他,因为他给我们带来健康的气息。他喜爱剧烈运动,那时流传着关于他如何强悍的种种佳话。我们却不曾想到他有朝一日会有才气。

《羊脂球》这杰作,这满含柔情、讥嘲和勇气的完美无缺的作品,爆响了。他下车伊始就拿出一部具有决定意义的作品,使自己跻身于大师的行列。我们为此感到莫大的愉快,因为他成了我们所有看着他长大而未料想到他的天才的人的兄弟。而从这一天起,他就不断地有作品问世,他高产,稳产,显示出炉火纯青的功力,令我惊叹。短篇小说,中篇小说,源源而出,无限丰富多彩,无不精湛绝妙,令人叹为观止。每一篇都是一出小小的喜剧,一出小小的完整戏剧,打开一扇顿觉醒豁的生活的窗口。读他的作品的时候,可以是笑或哭,但永远是发人深思的。

啊!明晰,多么清澈的美的源泉,我愿看到每一代人都在这清泉中开怀畅饮!我爱莫泊桑,因为他真正具有我们拉丁的血统,他属于正派的文学伟人的家族。诚然,绝不应该限制艺术的天地,应该承认复杂派、玄妙派和晦涩派存在的权利。但在我看来,这一切不过是堕落,如果你愿意的话,也可以说是一时的离经叛道,总还是必须回到纯朴派和明晰派中来的,正如人们终归还是吃那营养他而又永不会使他厌腻的日常必吃的面包。

(二)限时记忆演讲稿,达到能演讲的水平

在规定的时间内记忆给出的内容,限时记忆增加紧迫感,迫使大脑全面高度紧张,提升了专注力,在高度专注的前提下,记忆效果会大大提升。根据下面提供的选段,训练限时记忆能力。

选段一:《构建和谐社会的基石》

各位评委、各位朋友:

你心中的和谐社会可能是一部风情万种的小说,也可能是一幅瑰丽多姿的画卷,而我心中的和谐社会是一座宏伟的摩天大厦。它的建立,需要无数坚不可摧的基石。

构建和谐社会大厦需要的第一种基石,是取自黄河之滨的鹅卵石。它们颗颗簇拥,相映生辉,代表着亿万颗中华儿女的赤诚之心,大家人人献力量,共同创造繁荣,相互支撑、相互补充、相互关爱。这是构建大厦的坚实根基。

构建和谐社会大厦需要的第二种基石,是取自泰山之巅的花岗石。它们是我们中华民族坚强不屈、正义和平的化身,代表着和谐社会需要我们手握正义的利剑,心中有杆公平的秤,迈步实现民主法治、民富国强的崇高理想。这是构建大厦的深厚根基。

构建和谐社会大厦需要的第三种基石，是取自东海之滨的红礁石。它观沧海、眺宇宙、搏风浪，具有最广博的胸怀，最坚毅的性格，代表着和谐社会需要我们有海纳百川的宽容。有与时俱进的远见卓识，才能实现人际和睦、国际和平、人类与自然和谐相处的远景。这是构建大厦的宽广根基。

朋友们，构建和谐社会的基石就在你手中！其实构建和谐社会的大厦，你我他都是最好的基石，让我们从东海之滨采来红礁石，从泰山之巅采来花岗石，让我们自己成为一颗颗色彩斑斓的鹅卵石吧！把我们和谐社会大厦的根基打得更加坚实、更加深厚、更加宽广，不光为了你我他今天的安宁与幸福，更是为了子子孙孙千秋万代的安宁与幸福！

选段二:《论藏书》

读书的习惯是人类学得知识的最重要的方法之一。我们在阅读属于自己的书时所得到的乐趣，远远大于阅读借来的书时所得的乐趣。

一本借来的书就像是家里的一位客人，必须小心翼翼地，以唯恐引起别人不高兴的一种拘谨态度来对待。你务必使它完好无损，使它在你家里时不遭破坏，你不能漫不经心地随手乱放，你不能在书里做记号，你不能折书页，你不能随便使用它。而且，有一天你得将它归还原主，尽管你很少做到这一点。但是你自己的书是属于你的，你可以毫无拘束地用一种深情的亲昵态度来对待它们。

书是为了用，不是为了炫耀。你所拥有的书不应该使你害怕做上记号，或害怕摊开来和翻转过来放在桌上。在书内你所喜欢的段落标上记号的一个重要原因是，这样可以使你更容易地记住那些重要的话，很快地找到它们，若干年后再读到时，那就像重访一个你曾在树皮上刻过印痕的森林，你会有一种踏上了熟悉的土地的乐趣，回忆起思想上接触过的景色和你本人曾有过的自我。

每一个人都应该在青年时期就开始搜集和收藏书籍。人占有私有财产的这种基本的本能，在这里得以有百利而无一弊地加以培养。人们应该有自己的书柜，书柜应该没有门、玻璃窗或锁，它们应该是开放的、方便的，眼一见到即可伸手取得。

最好的墙壁饰物是书，它们的颜色和外观丰富多彩，胜过任何墙纸，它们的图样设计也更有吸引力。它们还有一个最大的好处:集中了许多各不相同的名人。当你独自坐在室内炉火旁时，你会觉得身边围聚着不少知心朋友，你知道一眼就能看到他们，这是令人既激动又振奋的。

你不必读遍全部藏书，我的室内生活多半是在一间存放着 6 000 册书的房间里度过的。对于陌生人提出的一个千篇一律的问题，“这些书你全都读过了吗?”我有一个常备的答案“有些书读过两遍。”这个回答既真实，又出乎他们的意料。

我们最好的朋友当然是活生生的、能喘气的、有血有肉的男男女女。我对读书的挚爱从未使我成为遁世的隐士，这是怎么做到的？书籍是人所拥有的，由人使用的，为人服务的。

文学是历史的永存部分，它是人的品格中最好的、最持久的部分。书籍朋友较之有生命的朋友有着这样的长处：任何时候只要你愿意，你就可以接触到世界上最真实的气质高贵的人们。

已故的伟人是我们无法亲身接触的，而活着的伟人通常几乎也是同样地无法接近的，至于我们个人的朋友和熟人，我们也不能经常看见他们，他们或许已经就寝，或许已经出门旅行去了。可是，在你的私人图书馆内，你可以在任何时候同苏格拉底或莎士比亚，或卡莱尔，或大、小仲马，或狄更斯，或萧伯纳，或巴里，或高尔斯华绥交谈。而且，毫无疑问，在这些书里，你可以看到这些人正处于他们的最佳状态，尽力以最好的东西使你高兴，给你一个好印象。就像观众对演员是必要的一样，你对这些作家是必要的，只不过你不是看见他们戴着面具，而是一直看到了他们内心的最深处。

二、心理素质训练

一个人的心理素质是在先天素质的基础上，经过后天的环境与教育的影响而逐步形成的。心理素质具有人类素质的一般特点，但也有自己的特殊性。在演讲过程中，良好的心理素质显得尤为重要。

（一）情境心理适应训练

视频
演讲前如何调整情绪

1. 自我暗示训练

（1）设计自己最喜欢的 5 条暗示语。例如，“我一定行！”“我是最棒的！”“我已经做好了充分准备，一定能演讲好！”“演讲其实并不难！”“我喜欢讲话。”“我喜欢我的声音。”“快乐演讲，超越自我。”“潇洒讲一回，百分之百的成功属于我！”“别人能做好的事情，我也一样能做好！”

（2）背诵暗示语训练。取坐姿，把背部轻轻靠在椅背上。头部挺直，稍稍前倾。两脚张开，大致与肩同宽，平放地面，脚心贴地。两手自然平放在大腿上，闭目静静地深呼吸三次。排除杂念，心里反复默念暗示语。

2. 目光接触训练

在镜子前，看着自己的眼睛，一边想，一边说：现在，我应该用柔和、信任的目光去和听众交流，感谢他们认真听我的发言；现在，我应该用平和、祈求的目光去征询听众的意见“听懂了吗，我讲清楚了吗?”；现在，我应该用坚定、自信的目光告诉听众“对于这一点，我确信不移”；现在，我应该用火热、亲切的目光与听众交流，表达我们感情上的共鸣。

（二）角色心理适应训练

1. 多种角色扮演训练

由 1 名学生兼演 4 位性格迥异的招聘考官，对前来应聘的大学生进行提问。4 位考官的性格如下：甲考官性格温和，问话亲切，富有启发性；乙考官性格内向，表情严肃，问话言简意赅；丙考官性格外向，问话含有鲜明的情绪倾向；丁考官思维富有创造性，问话多为逼问式。

2. 情境角色扮演训练

(1) 8 人一组，其中 4 名学生分别扮演病情各异、前去某医院就诊的患者，另 4 名学生分别扮演医院某科室的值班大夫或护士，分别向这 4 位患者问诊。

(2) 将学生分成 2 人一个小组，分别扮演酒店服务员、顾客，并就“这杯子没有洗净，上面还有手印呢！”进行对话训练。

三、现场控制训练

演讲的根本目的在于影响听众的主观意识，促使其某种行为的出现或改变，要达到这一目的，必须实施自我控制和现场控制。

(一) 自我控制训练

自我控制是指有意识地控制自己的心理情绪，让自己轻松自如地参加演讲活动。教师示范或播放视频，学生按要求进行模仿训练。

(1) 整理面容，充满信心。做到服饰自然、大方、美观、庄重，符合自己的年龄和身份。

(2) 提前到场，熟悉环境。熟悉演讲大厅、讲台、话筒及组织者，尽可能多地和新面孔进行简短的交流，让自己振奋起来。

(3) 入座等待，身心放松。可以深呼吸，进行简短、安静的沉思，在脑海中想想自己最喜欢的旋律、最值得骄傲的事情。

(4) 登台演讲，从容不迫。当主持人叫到自己的名字时，要慢慢站起来，以正常步幅(不要太悠闲或显得懒散)自信地走上去，微笑着环视全场，然后开始演讲。

(5) 忍受注视，泰然自若。让自己的身体自然放松，一是张开双脚与肩同宽，挺稳整个身躯；二是想办法扩散并减轻施加在身体上的紧张情绪，可将一只手触桌边或者手握麦克风等。

(6) 控制声调，自然优美。声音和腔调乃是与生俱来的，不可能一朝一夕之间有所改善。不过音质与措辞对于整个演讲影响颇大。不管演讲者声音和腔调如何，重要的就是要让自己的声音清楚地并能抑扬顿挫地传达给听众。即使是音质不好的人，如果能够坚持自己的主张与信念的话，依旧可以吸引听众的热切关注。

(二) 控场技巧训练

控场能力指的是一个人在整个语言实践活动中把握主动，对现场情况进行有效控制的能力。如果一个人不能实施现场控制，其进行的演讲就不能产生预期的效果。

1. 控制冷场

冷场是指在演讲过程中，听众注意力分散，毫无“听趣”。解决的办法主要有缩短演讲内容、转换话题、制造悬念等。

例如，上海音乐学院教师杨赛应邀为上海音乐学院附中第二届“巴洛克室内音乐大师班活动周”作《巴洛克艺术思想》的演讲。杨赛本想说从17世纪艺术发展的整体情况来谈巴洛克艺术思想。到场一看，举办方安排的听众多为小学二、三年级的学生，成年人很少，于是他马上就改变了演讲的方式，拿出巴洛克时期代表美术家鲁本斯的作品，让小听众分析：鲁本斯画里的大厅里有些什么？画里的大厅跟我们现在坐的演讲厅有什么不同？如果我们要在画里的大厅举办音乐会，应该是什么样子的音乐？由此引出巴洛克时代的社会风气与音乐艺术之间的关系。演讲现场立即活跃起来，没有出现冷场的情况。

2. 控制搅场

搅场是指搅乱、打搅演讲活动的现场。搅场的情形主要有三种：一是对演讲者有成见；二是对演讲者的水平不满意；三是对演讲的内容不感兴趣。因此，要根据具体情况，区别对待，演讲者要有很好的控场能力，从容应对。

思考与练习

1. 演讲稿开头、结尾和主体有哪些写作技巧？
2. 怎样使演讲的节奏变慢？
3. 拟稿演讲需要做好哪些准备工作？

第五章　即兴演讲

学习目标

(1) 掌握即兴演讲的含义、特点与类型。

(2) 了解即兴演讲的要求。

(3) 掌握即兴演讲的应用技巧。

情境导入

林语堂的演讲

幽默大师林语堂对演讲特别重视。首先，他认为演讲，尤其是对群众演讲，必须像女孩子穿的迷你裙一样，越短越好。其次，他认为，一篇成功的演讲，必须在事前有充分的准备，但在演讲时又让人觉察不到有准备的工夫。因此，林语堂最反对令人措手不及的临时演讲。

有一次，林语堂到一所大学参观。参观之后，校长陪同他到大餐厅和同学们共进午餐，校长深感机会难逢，临时请他对学生讲几句话。林语堂十分为难却又推无可推，于是灵机一动，讲了一个笑话。他说："罗马时代，皇帝残害人民，时常把人投到斗兽场中，活生生地被野兽吃掉，这实在是一种残忍不堪的事。有一次，皇帝又把一个人投进斗兽场里，让狮子去吃。岂料此人浑身是胆，只见他慢腾腾地走到狮子身旁。在它耳边讲了几句话，那狮子掉头就走，并不吃他。皇帝看在眼里，备感诧异，于是再放一只老虎进去，那人依然无所畏惧地走近老虎身旁，同样和它耳语一番，那只老虎也悄悄走开了，照旧不吃他。皇帝百思不解，就把那人叫出来盘问：'你到底对狮子和老虎说了些什么，竟使它们不吃你而掉头就走呢？'那人答道：'简单得很。我只是提醒它们。吃我很容易，不过吃了以后，你得演讲一番。'"

视频
克服演讲紧张小妙招

他的演讲博得满堂喝彩，然而，那位校长却被弄得啼笑皆非，显得十分尴尬。

资料来源：http://www.xigushi.com/mrgs/2342.html(有改动)

第一节 即兴演讲基础知识

即兴演讲是一种与拟稿演讲相对而言的演讲。它作为一种最能反映人们的思维敏捷程度和语言组织能力的演讲形式，已经渗透到社会生活的各个领域，受到人们的普遍欢迎。

一、即兴演讲的含义

即兴演讲，又称即席演讲或临时演讲，是一种不凭借文字材料来表达情意的语言交际活动。演讲者“兴之所至，有感而发”，在事先没有准备或准备不充分的情况下，就眼前的场面、情境、事物、人物等，发表意见、看法或表达某种情感、愿望。

“兴之所至”是演讲者在特定的景物、人物、气氛的激发下，产生发表演讲的兴致和欲望。“有感而发”是演讲者在所处的环境中有所感悟，产生了某种感触和思想。“事先没有准备或准备不充分”是演讲者对特定的时空环境下，讲不讲和讲什么都没有预期，但又被时空环境所迫不得不讲。

二、即兴演讲的特点

即兴演讲要求演讲者头脑清醒、思维敏捷，能迅速准确地将自己的思想、感情转换成口语，出口成“章”。因此，从有备演讲到即兴演讲，是一个难度较大的转变，要攀上这个台阶，需要培养即兴意识，掌握一定的技巧，不断提高心理素质、应变能力、语言水平和文化修养。

（一）临场性

有无演讲稿是拟稿演讲与即兴演讲的重要区别。即兴演讲大多只有几分钟的时间打腹稿，靠“临阵磨枪”、就地取材，或展开联想，或借题发挥。例如，在某年《欢乐中国行》元旦特别节目中，当接近零点时，现场时间突然出现了两分半钟的空档，导演马上安排董卿救场发挥。当董卿开始大方自如地自由发挥时，耳麦里突然传出导播的误判：“不是两分半钟，只有一分半钟了。”董卿连忙调整语序，准备结束语，而此时耳麦里再度传来更正：“不是一分半，还是两分半！”董卿临危不乱，走到舞台两头给观众深深鞠了两躬，用“欢乐的笑”“感动的泪”“奔波的苦”等诸多排比句即兴创造了一个又一个“赏心悦耳”的“感谢”。

（二）敏捷性

即兴演讲是在特定的时空环境下临时发表的演讲，要求演讲者在很短的时间内根据眼前的特定场合、对象等，有的放矢，进行构思，组织材料发表演讲。2018 年 9 月，正在辽宁省考察的习近平总书记乘车前往抚顺市，向雷锋墓敬献花篮并参观雷锋纪念馆。习近平总书记说，雷锋是一个时代的楷模，雷锋精神是永恒的。实现中华民族伟大复兴，要不断闯关夺隘，也需要更多的时代楷模。积小善为大善，善莫大焉，这和我们党的“为人民服务”“做人民勤务员”是一脉相承的。我们要见贤思齐，把雷锋精神代代传承下去。学习雷锋精神，就要把崇高的理想信念和道德品质追求融入日常的工作生活，在自己岗位上做一颗永不生锈的螺丝钉。

（三）精练性

由于临时准备、即兴发挥，演讲者很难构思出长篇大论来，所以即兴演讲的内容单一，往往一个场景、一件事情、一个观点，短小精悍，用1～5分钟的时间，语言简洁、生动、形象。例如，瞿秋白《如何做好北伐战争宣传报道工作》的即兴演讲只有26个字——“宣传关键是一个‘要’字，鲁智深三拳打死镇关西，拳拳打在要害上。”再如，耶鲁大学原任校长理查德·莱温在耶鲁大学300年校庆时的演讲，也只有1分钟。

三、即兴演讲的类型

根据其选择的自由度不同，即兴演讲大致可分为主动选题式即兴演讲、被动选题式即兴演讲和命题赛场式即兴演讲三种类型。

（一）主动选题式即兴演讲

主动选题式即兴演讲虽然没有演讲稿，但有一定的思想准备。会议上的开场白、发言、总结，教师在主题班会、迎新仪式、毕业典礼上的讲话等都属于这一类型。例如，伍国锋在新加坡进修结业典礼上的即兴演讲，内容如下。

大约一周前，我们飞到新加坡，刚走出机场我就跌了一跤，到今天我的腿还有点隐隐作痛。是道路不平吗？不是；是我走路不小心吗？也不是。我是为新加坡优质的航空服务而倾倒！为新加坡的如画风光而倾倒！（掌声）七天之后，就在昨天晚上，我们在座的王光义同学也跌了一跤，他不是为新加坡的漂亮女郎而倾倒，也不是为新加坡的有序管理而倾倒，而是为讲课的老师们渊博的知识、高超的讲课艺术及周密的安排而倾倒！我现在代表全体同学向老师们辛勤的劳动表示衷心的感谢！

即兴演讲的关键是要借题发挥，演讲者借“跌倒”之题，巧妙引申为“倾倒”，语言幽默风趣，打动人心。这种类型的即兴演讲，在演讲之前就选准了话题，形成了思路，酝酿了腹稿，因而具有相对的主动权。

（二）被动选题式即兴演讲

被动选题式即兴演讲是指在欢迎、欢送、哀悼、竞选、就职、答谢、婚礼、寿庆等场合所作的致辞。例如，吴某在公司年会的致辞，内容如下。

我还特别要感谢我的妻子、我的孩子们、我亲爱的母亲及我的家人，同时还要感谢那些在这场跌宕起伏中始终站在我一边的老朋友。我一直都是一个幸运的人，但迄今绝对没有任何事情可以像你们的爱及鼓励那样让我感到更幸运。

(三)命题赛场式即兴演讲

命题赛场式即兴演讲大体可以分为两种:一种是在比赛之前,给演讲者一个较大的内容范围和一段准备时间,再在比赛或带有测试性质的场合,让选手抽题演讲;另一种则是没有给定内容范围,演讲开始后由演讲者临时抽签得题,然后按照规定的题目,做短暂准备后开始演讲。例如:

大家好!今天我抽到的题目是"关心"。说起关心,我们在座的同学可能首先想到的是自己的父母……

图文
即兴演讲的三大要求

四、即兴演讲的要求

要想获得即兴演讲的成功,掌握技巧固然重要,不过能否巧妙驾驭技巧、走向成功,还需要持之以恒地把握以下几点。

(1) 提高文化素养。即兴演讲的内容包罗万象,涉及经济、政治、教育、文化、人生等诸多问题。演讲者只有多读书看报,学识丰富,才能深刻认识事物的本质,把握演讲内容;只有多关注时事,积累素材,才能在短暂的时间内找到生动的例证和恰当的词汇,连贯成文,增添即兴演讲的魅力。

(2) 培养良好习惯。平时要经常"站着思考",在边想边说的过程中,尽量运用联想法、发问法、归纳法、演绎法、对照法、引述法、比喻法和举例法等思维方法,以便扩展"站着思考"的空间,灵活打通讲题思路,增强边说边想的本领。

视频
十大不良说话习惯

(3) 增强自信心理。要调节好心态,大胆地与周围人、社会人、各阶层人接触。敢于说话,不要怕,不要躲躲闪闪。遇到发言的机会积极参与,不要说"我不会说""说得不好"等丧气话。演讲时遇到怯场、忘词等现象,要沉着冷静,巧妙应变,扭转被动局面,反败为胜。

即兴演讲才艺,需要我们持续不断地积累学养、胆识、眼光和经验。而多读书、多思考、多练习、多观摩、多演练,能够让我们拥有足够的信心和能力,迎接即兴演讲的挑战。

拓展阅读

小演员的明星梦

崔永平

我是崔永平,一个在北京漂了五年的小演员,小演员也怀揣着明星梦,梦想着能演一两个经典的角色让大家记住,就像至尊宝、小马哥、小鱼儿,实在不行,东方不败也是可以接受的，于是乎我们从四面八方来到了北京，来到了北京电影制片厂（以下简称北影厂）的门口，那里是小演员追梦的开始。

北影厂附近有一座天桥，白天车水马龙没什么不同，到了晚上好戏就上演了。白天在北影厂门口徘徊的小演员们，纷纷来到这里开始圈地运动，只有抢才会有自己睡觉的床位。还有一个特别的例子，你知道（他）睡在哪儿了吗？他睡在井盖下边，美其名曰冬暖夏凉。有一个小演员和宝强一起来，当宝强已经在电影里给范冰冰揉背的时候，他还在这里，最后经不住演员之间互相竞争带给他的打击，他的精神开始失常，现在经常在北影厂门口做着同一个动作，我不知道他要说什么，我感觉他的潜台词就是“我要成名”。

我们无法想象他们一次又一次眼巴巴地看着导演挑肥拣瘦最后没选自己，他们的父母家人一次又一次苦口婆心地劝说，他们内心是否挣扎过，但是不管怎么样，北影厂门口的人从来没有少过，因为很多大明星的经历告诉我们，他们都是从小人物开始奋斗的，所以我们认为坚持就是硬道理。

当然我有一些悲哀，为什么非要在一棵树上吊死呢？这么些年都坚持下来了，还没有真正地认清自己到底适合干什么。我说到这儿肯定会有人问我：你不也北漂吗？你不也没红吗？你不也为成名在坚持着吗？那你有什么资格在这里悲哀，现在还在坚持着北漂？你再过个十年八年，你没红你怎么办？你也嗯嗯嗯，你认清你自己了吗？哎呀，这些问题确实挺吓人的，我怎么能没想过呢，我睡地下室的时候想过，睡火车站的时候想过，三天吃不上一顿饭的时候想过，导演看完我的表演给我摇头的时候想过，看到我爸妈的白头发越来越多的时候我也想过。

我喜欢在表演的过程中演绎一个又一个不同的人物，感受各种各样人的经历，体验人生百态，这些东西让我感受到快乐和满足，而且我也看到北京人艺很多老的表演艺术家，他们演了一辈子的戏都没有红，但他们仍然坚持在戏剧的舞台上，他们那种对戏剧的执着、热爱、认真，都历历在目地影响着我，我想我也会像他们一样演到我老的那天，这就是那两个字：热爱。我在热爱的同时，也会尝试一些新的东西，比方说，做个超级演说家，在我看来，给人生更多的可能性，才是硬道理。

资料来源：http://blog.sina.com.cn/s/blog_14f62e3fe0102w5l2.html（有改动）

第二节 即兴演讲的技巧

一、心态稳定技巧

即兴演讲对演讲者思维的敏捷性、语言的逻辑性和口头表达的雄辩性等都有很高的要求。如何即兴演讲，如何避免因措手不及而陷入难堪的境地呢？关键是不要怕“被迫”上台，不要被紧张情绪控制。要努力做到面带微笑，抬头挺胸，以健康优雅、充满自信的姿态走上讲台，接受特殊任务，迎接艰难挑战。

（一）微笑镇慌

微笑是一剂很好的“镇静剂”，既镇定听众，也镇定自己。当主持人或听众突然邀请自己说几句时，最忌讳的是惶恐不安。因此，首先要告诉自己“不要怕，不必怕，不就是说几句话嘛”，然后面带微笑地对他们点头表示谢意，同时积极冷静地思考答谢的内容。等大家安静后，再把谢意表达出来，最后说几句真实的感受或几句衷心祝愿的话，这样在不知不觉中就完成了即兴演讲。

（二）喝水压慌

突然上台，为了镇定慌乱的情绪，使自己有点想词的时间，发言前可“内紧外松”，先喝几口茶水（或咽几口口水），以赢得临场间隙时间，并利用宝贵的延宕间隙，积极寻找演讲的切入点。可把目光投向会场环境（如天气、会标、参加人、奖旗等），摄取与演讲主题有关的人物或景物，使思维尽快亢奋起来。

（三）少说制慌

由于即兴演讲具有很强的临时性，不容演讲者深思熟虑、字斟句酌，当突然被邀请发言时，人们有时会为自己想不出更多恰当、美妙的词语而惊慌，此时克服慌乱的最好方法是“少说几句”。突然被点名发言，大多是在临时需要你做“插言”补充或需现场助兴的情况下，此时此刻，听众的掌声是希望你能用一两句最经典的话语表达自己的意思。因此，要努力减轻心理压力，暗示自己“只说一两句，没什么可怕的”。只要把话语说得恰到好处，就能以一当十，给人无穷回味。例如，会议开始时，可以预祝会议取得成功；会议结束时，可以对会议进行评价，对会议取得的成功表示赞许和祝贺。

（四）以熟克慌

在语言实践活动中，人们往往都会有这样的体会，当说自己熟悉的、有把握的话题时就不心慌。因此,要克制心慌,最好选择自己熟悉的话题来说。

(五)扬长避慌

在北京学术界为印度诗人泰戈尔举行64岁寿辰的祝寿仪式上,泰戈尔希望梁启超先生能给自己起一个中国名字,并就这一名字发表即兴演讲。梁启超走上讲台,发挥自己中外文化贯通的特长,从印度称中国为“震旦”,讲到天竺(印度)人当然应当姓竺,最后将两个国名连起来,赠给泰戈尔一个新名字叫“竺震旦”。整个演讲,生动活泼,情趣盎然,寓意深刻。

二、选择话题技巧

“兴之所至,有感而发”是即兴演讲的基本特点。实践表明,即兴演讲的“兴”即话题,来源是丰富多彩的。临场选择与演讲主题一致,为听众所熟悉、易理解的人物、事件等,可以提高对客观事物的敏锐感应力,使即兴演讲取得旗开得胜的效果。

(一)感"时"起兴

特定的时间,是演讲活动的一个构成要素。如果这一时间具有某种特殊的意义,就可以成为演讲的话题。例如,教师节师生联欢会上的即兴演讲,内容如下:

走过了夏天,迎来了秋天。在这金风送爽的季节,我们终于盼来了教师节。在这个让人仰慕的日子里,请允许我向全体老师表达我心中最热忱的问候和祝愿。问候一声:“辛勤培育我的老师们,你们辛苦了!祝愿一声,无悔奉献人生的老师们,你们节日快乐!”

演讲者抓住“教师节”这个具有特定意义的时间,表达了自己对教师节的盼望之情,对教师的问候和祝愿之意。这种朴实自然的演讲,消除了紧张情绪,吸引了听众的注意力,现场效果很好。

(二)感"地"起兴

特定的地点同构成的环境因素密切相关,如果处在现场环境中的人对这一地点有着难以忘怀的人生记忆,就有可能由此激起内心强烈的情感活动,从而产生一吐为快的表达欲望。例如,老同学聚会时的即兴演讲,内容如下:

当年一声再见,我们含泪离开母校。今天为了重温旧梦,我们又从四面八方会集到母校——清华大学。清华是我的娘家,回到娘家,心中就有许多说不出来的感慨和欣喜……

学校是学生成长的摇篮,曾留下许多青春的记忆。重返校园,讲述让人魂牵梦萦的校园故事,能够使听众感同身受。

(三)感"人"起兴

在演讲活动中,演讲者和听众的关系十分密切。在即兴演讲比赛时,最切实可行、最容易做到的就是用自己做例子或从听众的身份、职业、爱好、语言、籍贯等方面入手寻找演讲兴奋点。例如,有关“矮子问题”的即兴演讲,内容如下:

“矮子问题”由我当众提出,岂不惹火烧身?老实说,在我年轻的时候并不觉得“矮”有什么问题,直到20世纪80年代,在舆论压力之下才感觉成了问题。其实,白鹤腿长,鸭子腿短,都是生来如此,何必自寻烦恼!现在要问,矮子能有风采吗?答曰:“高个儿不见得都有风采,矮个儿不见得都没有风采。”那么,矮个儿怎样才能也具有风采呢?我有几点心得可供参考:第一,要有自信……第二,不要犯忌讳……第三,把胸脯挺起来……第四,最重要的还是本人的德识才学,有修养,有风度,对社会有贡献……趁着晚会的高兴劲儿,解开这个“矮子问题”,不知台下的某些同学心里是否踏实些?

演讲者从自己的身高开题,向听众发表对“矮子问题”的看法。类似的经历,深切的体验,自信的语调,展示了“矮子的风采”,引起了听众的强烈共鸣。

(四)感“事”起兴

在社会生活中,热门话题常常成为即兴演讲的兴致。其实,所谓的生活小事只要蕴含着重要的意义,也同样可以成为富有启发性和感召力的话题。例如,周末班会上一位教师的即兴演讲,内容如下:

今天我上街的时候,发现商店招牌上的错别字明显减少了。也许有人会认为这是件小事,但我认为这是一件令人高兴的大好事。因为它说明社会用字的规范化问题已经引起了政府有关部门的重视,并得到了人民群众的理解和支持。同学们,你们是未来的人民教师,不仅平时要写规范字,而且要尽一切可能承担起规范用字的社会责任。

演讲者带着对教师职业的敏感,抓住用字规范这一现象,向学生表达了自己对规范汉字的见解和希望,使学生深受教育和启发。

(五)感“景”起兴

世间最奇妙的事,就是天才诗人与美妙山水的偶合。即兴演讲时,特定的景象同样也能给演讲者带来一吐为快的冲动。例如,一位班主任带领学生春游,在举行联欢会前所发表的即兴演讲,内容如下:

今天天气真好,春风特别和煦,阳光格外明媚。在这充满生机与活力的季节里,我们走进了美丽的大自然。面对春云舒卷、莺歌燕舞、姹紫嫣红的美妙世界,我们怎能不亢奋?怎能不激动?怎能不欣喜?让我们放开喉咙,尽情歌唱这妩媚的春天吧!

大自然的美丽多姿,激起了演讲者的热爱之情,也使演讲内容情景交融,演讲者声情并茂,自然而然地激发起学生的表演激情。

(六)感“物”起兴

会议现场有时会出现某种引人注目的物品,演讲者可以着眼于其特殊内涵、象征意义进行主观联想，借题发挥。例如，在“钻石表杯”业余书评授奖大会上的即兴演讲，内容如下：

今天，我参加“钻石表杯”业余书评授奖大会，我想说：钻石代表坚韧，手表意味时间，时间显示效率，坚韧与效率的结合，这是一个读书人的成功所在，一个人的希望所在。

演讲者就眼前之物“钻石表”起兴，揭示了“钻石表”的品牌内涵，表达了对读书人的殷切希望，给听众以深刻的启示和教育。

（七）感“言”起兴

当我们置身于演讲会、座谈会、迎送会等场合，看到别人滔滔不绝、侃侃而谈时，有时也会深受感染，产生说话的兴致。怎么说呢？最简单的办法就是从别人的表达中捕捉话题，加以引申、发挥。例如，一位老师在高职语文研讨会上的即兴演讲，内容如下。

张老师刚才的发言真是太好了。我十分赞同他的观点，“高职大学语文课程教学必须贯彻高职本位和语文本位”。是的，高职大学语文教学改革既要对课程进行定位，也要重构教学内容，如分成阅读理解、口语交际和应用写作三个部分……

这位老师对高职大学语文教学的定位和重构教学内容的看法与态度，显然是在研讨会上聆听了别人的演讲后被一种强烈的赞同感激发出来的。

（八）感“行”起兴

在现实生活中，倘若人们的某种行为具有普遍的社会意义，就能激起演讲的兴趣。例如，一位老师在一次主题班会上的即兴演讲，内容如下。

今天我们班的同学，在炎炎烈日下为救灾做义演，为的是向四川受灾群众献上一份爱心，送去一片希望。你们的爱心让我感动，让我欣慰。你们这些 20 世纪 90 年代以后出生的孩子，不是自私的一代，不是没有情感的一代，而是充满爱心、富有责任感的一代。

这一即兴演讲，有感于学生为支援灾区的义演而发，感情真挚，切合实际，能够鼓舞和激励在场的每一位学生。

三、思路构建技巧

在特定的语言环境中即兴演讲，现场的压力往往催迫脑海产生灵感的火花，但这些火花般的“思维点”是支离破碎、稍纵即逝的。因此，要迅速开动脑筋，想清楚要说什么和怎么说。

从被点名到走上讲台或从座位上起立站稳，通常都能“偷到”30 秒左右的宝贵时间，有经验的演讲者都能充分利用这一点黄金时间，根据已经确定的题旨，镇静而又迅速地对散乱的思维点进行并列、对比、递进等连缀，或以一个模式框架进行快速构思，使自己的表达既符合人们的思维习惯，又能让自己有“路”可寻、有“径”可依。

（一）卡耐基的“魔术公式”

卡耐基“魔术公式”的要点在于援引例子—提出观点—警句收尾。演讲时，先把实例的细节告诉听众,说明具体意念;接着以详细清晰的言辞说出论点,陈述缘由;最后向听众强调,如果按所说的去做,会有什么好处。这个公式非常适合当今快节奏的生活方式。例如,演讲者想要听众为贫困儿童慷慨解囊,可以先描述一个因缺乏经济援助的病例,为期望中的行动铺路,然后再进行有目的的演讲。

(二)理查德的"四部曲模式"

理查德"四部曲模式"的步骤如下。

(1)"喂,请注意!"唤起听众的兴趣。

(2)"为什么要费这个口舌",强调指出听演讲的重要性。

(3)"举例",用具体事例形象化地将论点映入听众的脑海。

(4)"怎么办",讲清听众该做什么。

理查德认为,"为什么"和"举例"这两部分如同馅饼里的馅,味道全在这里面,但是这两部分要与引人注意的开头和结尾相呼应。例如,要进行以"保障行人生命安全"为讲题的演讲,就可以采用理查德的"四部曲模式"。

(三)"三么"框架模式

在即兴演讲前短暂的准备时间里,快速思考三个最基本的问题:"是什么""为什么""做什么"。例如,教师谈学生厌学时,就要调动自己的知识积累和生活经验,从三个"什么"的角度来构思。演讲的"三么"框架只是演讲前和演讲中的思维模式,而不是口语表达模式,表达时要选准"切入口",不露"三么"的痕迹。

(四)"三点"归纳模式

"三点"归纳是指归纳前面所有讲话人的要点,提取前面某个人或某些人讲话的特点,捕捉前面某个人或某些人讲话的闪光点。运用时,一般总结性即兴演讲,可以综合运用要点、特点、闪光点。中场即兴演讲时可抓住其中的某一点。例如,《谈师德》的即兴演讲,内容如下。

说到师德,许多选手都引用了一个传统的比喻:"教师像蜡烛一样,照亮了别人,燃烧了自己。"这种崇尚奉献的"蜡烛精神"固然可贵,但如果我们当老师的都把自己燃烧尽了,毁灭了,何以继续照亮别人呢?新世纪的教育不仅需要"蜡烛精神",还需要呼唤"路灯精神":像路灯一样不断"充电",给每一个黑夜带来光明;像路灯一样忠于职守,见多识广;像路灯一样不图名利,自然淡泊!

(五)"链形"延展模式

"链形"延展构思模式的特点是先确定演讲的主旨,以此为"意核",通常为开篇首句,然后句句紧扣意核(首句),单线纵向发展,形成环环相扣的链条。例如,《当你遇到挫折时》的即兴演讲，内容如下。

挫折是一种宝贵的经历。小时候极想将来成为一名巴金式的大作家，中考失误，被录取到一所职业学校，为此痛哭过、失望过、痛苦过……去年暑假到山区考察，那里环境优美，人可爱，但落后现状令人痛心……在现实生活的启迪下觉悟，摆脱了理想受挫的痛苦……

四、语言表达技巧

即兴演讲大多是在一种激动的场合下进行的，没有人乐意听长篇大论，因此演讲者的语言要有条不紊、一针见血、对答如流，切忌颠三倒四、拖泥带水、无言以对。

视频
即兴演讲的语言技巧

（一）巧打比方

比喻是语言艺术之花。演讲者要吸引、感染和说服听众，运用比喻可以使复杂的问题变得浅显易懂，使深奥的道理变得生动有趣，使呆板的表述变得活泼灵气，让人听起来舒服。例如，某位北京大学学生《另一只眼睛》的即兴演讲，内容如下。

我们来到北大，就像一张软盘，到北大这台计算机上拷走知识和精神。我们的时间是有限的，我们面对的硬盘却是全国最大的，既然如此，我们就应该把研究、阐述北大精神的事交给像各位评委这样的专家和除我之外的16位选手，即未来的专家去做，而我们应该做的，就是把我们体会到的北大精神抓紧时间拷过来，然后再用一生去慢慢解读。但要注意，千万要提防自由散漫、眼高手低的北大病毒。拷走知识的同时，你还是要问问自己，你又留下了什么？

（二）妙说数字

数字具有表达准确、说服力强的特点。恰当运用数字可以剔除废话，浓缩内容，使演讲更精辟、清晰。例如，在给一家电脑主机配套生产的企业做品质意识的课程时，开场演讲者用了1%和100%的对比，结合公司的产能，请听众计算出：当我们把不良率确定在1%时，每个月会有多少位顾客遭遇到了可恨的100%？而这样的“幸运”，极有可能落到自己头上。通过这样的计算后，大家对品质的认识有了进一步提升。

在运用数据法时，数字一定要明确、权威。模棱两可的数据，只会弄巧成拙。一般在讲专业技术、产品知识、行业趋势、生产研发等内容时，可以多用数据列举法。

（三）趣用幽默

幽默是智慧的象征、才华的体现。演讲者在谈笑风生中阐述自己的观点和主张，可活跃会场气氛，解除与会者的听觉疲劳。例如，美国演员简·惠曼因为在《心声泪影》中成功扮演了一个聋哑人而获奖，她在领奖时说：“我因为一句话没说而获奖，我想我应该再一次闭嘴。”又如，我国台湾著名艺人凌峰在中央电视台春节联欢晚会上自我介绍时说：“我就是光头凌峰，我是以丑出名的，中华 5 000 年的沧桑和苦难都写在我的脸上。”风趣幽默的语言，让听众在笑声中记住了简·惠曼、凌峰及他们所说的话。

（四）插入笑话

即兴演讲中巧妙地穿插一些故事、笑话、趣闻等，也可以使表达生动，从而调动听众情绪。例如，有关“吸烟”的即兴演讲，内容如下：

关于吸烟，我想了很久，为什么吸烟的害处那么多，而人们还要吸呢？我又仔细想了想，可能吸烟有三个“好处”：一是不会被狗咬，二是家里永远安全，三是永远年轻。大家要问，那为什么呢？因为，吸烟人多有驼背，狗一看见他弯腰驼背的样子，以为要捡石头打它呢。吸烟的人爱咳嗽，小偷以为人还没睡觉，不敢行窃。吸烟有害健康，缩短寿命，无法长寿，所以永远年轻。

这段演讲，以吸烟“三个好处”这一笑话把听众引入好奇，使听众在笑声中恍然大悟。

（五）展示实物

为了把深刻、抽象的原理讲得具体、生动、形象，让听众听得高兴、听得明白并留下深刻印象，可以通过实物展示来充分调动听众的视觉器官。例如，深圳研祥集团董事局主席陈志列手拿榔头发表的即兴演讲：

这是一把德国造的普通榔头，但它在十几年前深深地刺激了我。十几年来给“研祥”的经营理念打上了最深的烙印。1998 年，“研祥”带着自己研发的产品去德国汉诺威参加行业最大的国际展。为了固定产品，我去超市买榔头，销售员问我：“先生！你要质量好的，还是质量一般的？我说：“当然要买最好的。”销售员说：“你要是要好的，就买我们国产的，进口的质量一般都不大好。”销售员的这句话深深地刺激了我，回国时，我从德国带回了这把榔头。十几年来，这把榔头让“研祥”的上上下下明白了两个道理：第一，只有做最好的产品才能让“中国制造”在任何时候都能一锤定音；第二，只有做最好的产品，才能使“中国制造”让全世界的人尊敬！谢谢大家！

演讲者手中的榔头，吸引了听众的注意力，加深了听众对“让‘中国制造’在任何时候都能一锤定音”这一演讲主旨的理解和把握。

五、气质应对技巧

演讲者，尤其是优秀的演讲者都有自己独特的演讲风格。演讲风格的形成与演讲者的气质类型有着密切的关系。因此，在即兴演讲中要研究自身的气质类型，发挥其长处，真实地体现出自己的演讲风格。

（一）气质与感情抒发

演讲离不开情感，毫无感情或感情冷淡的演讲只能是苍白无力的。即兴演讲者在演讲中要流露真实情感，就要使感情表达恰如其分。

多血质的演讲者，善于表达自己的感情，或慷慨激昂声泪俱下，或语重心长娓娓道来，演讲时要注意情感表达的适度性、适量性；胆汁质的演讲者，感情炽烈，表达迅速而猛烈，但缺乏稳定性、持久性，有时易感情用事，演讲时要注意情感表达的持久性；黏液质的演讲者，情绪不易外露，感情表达不充分，也缺乏变化，演讲时要注意充分表达内心情感，并探索情感表达的变化性和感染力；抑郁质的演讲者，情绪不易外露，演讲时要注意大胆表达自己的真实情感，不要扭捏，不要怯场，力求以感情充沛的形象出现在听众面前。

（二）气质与语言表达

语言是人们交流思想、表达情感、传递信息的工具。演讲是运用语言的艺术，因此只有找到气质与语言的对应点，才能更好地彰显语言表达的艺术魅力。

1. 有声语言的运用

多血质的演讲者，其音速、音调和音势灵活多变，给人以优美的音乐感，但也需要做到有时尖锐泼辣，有时含蓄委婉，有时激越高亢，有时平和从容；胆汁质的演讲者，在音速方面快而猛，在音调方面高而不稳定，音势重而不灵活，要注意使音速、音调、音势缓急有度、轻重得当；黏液质的演讲者，要注意使音速、音势不单调乏味，要根据具体内容调节音速、音调、音势，使其灵活多变；抑郁质的演讲者，要注意音速不要过慢，音调适当，多用上声调，音势要重些，不要压抑低沉。

2. 态势语言的运用

多血质的演讲者，应注意动作不要贪多，精心设计手势、眼神、面部表情和动作；胆汁质的演讲者，要注意增加运用态势语言的范围、频率、幅度；黏液质的演讲者，要注意增加一些符合演讲内容、情境的态势语言来辅助有声语言，以免给人单调、重复之感；抑郁质的演讲者，要注意大胆，不要畏缩，要敢于运用、善于运用态势语言，这样在台上的表现才会大方自然。

（三）气质与控制能力

在演讲台上，控制能力直接决定着演讲的内容表达、风格体现和演讲者水平的发挥。即兴演讲的无准备性，对演讲者的控场能力提出了更高的要求。

多血质的演讲者，一般具有良好的控场能力，具有引起听众注意的良好素质，能塑造良好的自我形象，能把握演讲的艺术分寸；胆汁质的演讲者，由于感受性高也能注意听众的反应，引起听众注意，但塑造自我形象方面有难度；黏液质的演讲者，在即兴演讲时要注意力求以奇制胜，不要在引起听众注意方面失之平常；抑郁质的演讲者，引起听众注意的能力需要锻炼，要敢于表现自己。

（四）气质与应变能力

应变能力是指即兴演讲者在整个演讲过程中，面对由主观或客观的突发事件和意外情况造成的障碍和干扰，能敏锐、及时、准确地做出反应，并采取有效措施迅速、巧妙、果断地加以排除和平息，从而使演讲得以继续进行的一种技巧和方法。多血质的演讲者，一般不会出现怯场、忘词等主观之变，即使出现，也能灵活处之；胆汁质的演讲者，往往由于心浮气躁而出现主观之变，面对客观之变时又容易急躁，因此需要注意沉着稳健、处变不惊、不急不躁；黏液质的演讲者，应付主、客观之变时，不要太常规，要尽量想一些新颖的处理办法；抑郁质的演讲者，则要镇定精神，分析原因，不自我谴责，积极采取应对措施。

即兴演讲既是一门艺术，也是一种技巧。作为技巧，是可以通过学习和训练而获得的。我们只要不断提高自身素质，努力掌握多种技巧，做到从容上台、敏锐选题、镇静构思、热诚发言、大方表演，就能在任何演讲场合左右逢源、游刃有余，形成自己独特的演讲风格。

思考与练习

一、散点连缀训练

（1）词语接龙训练。首字拈、末字拈均可。例如：文不加点—文不对题，前程似锦—锦上添花。前后接替时间不超过5秒。

（2）故事续讲训练。一位同学先说故事开头，其他同学接着讲故事的发展、高潮和结尾。例如：今晚的月光很好，选修课结束后，我一人独自走在回寝室的路上，突然身后传来一声尖叫……

（3）联想扩展训练。

① 随意找出身边的几件实物（钢笔、圆规、尺子、笔记本），展开联想，说说自己对这些实物的想法。

② 运用发散思维，连缀几个不相关的事物（橘子、垃圾桶、书籍、抹布），自拟讲题，围绕一个中心说一段话。

二、话题分析训练

认真阅读下面的话题，分析说明技巧及好处，要求以学习小组为单位进行讨论，组长代表本组，向全班同学汇报讨论结果。

（1）大家都知道我的专业是数学。俗话说“学以致用”，我就用“加减乘除”四个字来概括一下我今后的打算吧！“加”，就是加入我们的大集体中，把大家当朋友，一切以连队的利益为重，用真情和汗水回馈大家的期待，增加大家对我的信任；“减”，就是时刻把官兵的冷暖放在心上，多了解官兵的疾苦，尽量为大家办好事、办实事，减少大家的烦恼和忧愁；“乘”，就是充分发挥我的能量和智慧，将全连官兵的心拧成一股绳，齐心协力，共同开创连队工作的新局面；“除”，就是除去私心，一心为公。有困难冲锋在前，当旗帜；有利益舍弃小我，顾大局。我相信，1加1一定大于2，1减1一定小于0！

(2) 在这春风送暖的季节，我们又一次迎来了护士节。虽然护士工作既平凡又普通，可是它和千百万人的幸福紧密相连；虽然护士的工作既辛苦又劳累，可是它和千百万人的命运息息相关。不是吗？朋友们，护士与每一个人都有着千丝万缕的联系——当你降生到这个世上时，第一个迎接你的是护士；当你病魔缠身时，为你解除痛苦的还是我们护士……

(3) 阳光三月，大家携一缕春光，引万紫千红，风尘仆仆回到高笋村知青点。重返这方热土，心中有许多的感慨和欣喜。今天高笋村的桃花更为娇艳，青山更为妩媚；今天高笋村的人，心情更为欢畅，生活更为美好……

(4) 两岸语文教材中有40%左右的文章是完全相同的。也就是说，当大陆的孩子在黄河源头、泰山之巅高声朗诵课文的时候，台湾的少年也在阿里山下、日月潭边吟诵那同样的课文。这是怎样动人的情景啊！同样的肤色、同样的眼睛、同样的语言、朗诵同样的课文、体验同样的感情，不是同胞兄弟，哪会如此亲近？不是同根亲人，哪会有相同的声音？

(5) 来这里工作，我带了三件东西：第一件东西是挎包，挎包的口永远是敞开的，什么建议都能装。以后工作大家有什么好的建议，我一定耐心听取、虚心采纳。第二件东西是一只碗，这是我吃饭用的。我每天还要用它来装满水，并高高举起来，让大家看端得平不平。第三件东西是一支笔，我一定用好这支笔，以血汗为墨水，给大家交上一份满意的答卷，绝不辜负大家的期望。

(6) 大家对我的到来报以各式各样的掌声，这其中既有带感叹号的掌声，也有带问号的掌声，不管什么样的掌声我都收下。担任部门经理，我自知肩上的责任重大。从大家带感叹号的掌声中，我受到鼓舞，产生了很大的动力，我决不会辜负大家对我的希望；从大家带问号的掌声中，我听出了“怀疑”，也感到很大的压力。动力也好，压力也好，我相信只要我们有共同建设好公司的美好愿望，就一定能化压力为动力，使公司的发展更上一层楼。明年的今天，我相信大家的掌声都会变成带感叹号的！

三、语言表达训练

反复朗读并背诵即兴演讲片段，说说自己的感受。

在萧红墓前的五分钟讲演（节选）

郭沫若

年轻人之所以为年轻人，并不是单看年纪轻，假如单看年纪轻，我们倒看见有好些年纪轻轻的人，却已经成了老腐败，老顽固，甚至活的木乃伊——虽然还活着，但早已死了，而且死了几千年。

反过来，我们在历史上也看见有好些年纪老的人，精神并不老，甚至有的人死了几千年，而一直都还像活着的年轻人一样。所以一个人的年轻不年轻，并不是专看生理上的年龄，而主要的还是看精神上的年龄。便是“年轻精神”充分的，虽老而不死；“年轻精神”丧失的，年虽轻而人已死了。

第六章　辩论演讲

学习目标

(1) 了解辩论的含义、特征及意义。

(2) 掌握辩论赛的基本情况及辩论技巧。

(3) 能够灵活运用辩论技巧参加辩论活动。

情境导入

口若悬河

晋朝时，有一位大学问家，名叫郭象，字子玄。年轻时的郭象，不仅好学，而且对于日常生活中所接触的一些现象，都能留心观察，然后再冷静地去思考其中的道理。这使得他知识渊博，对于事情的分析也常常很独到。因此，郭象年轻的时候，就已经是一个很有才学的人了。

后来，他又潜心研究老子和庄子的学说，对他们的学说有了深刻的理解。当时，有不少人慕名而来，请他出去做官，他都一概谢绝，每天只是埋头研究学问，或者和志同道合的人谈论哲理。他认为，只有这样，才能得到永恒的快乐，活得充实自在。又过了些年，朝廷一再派人来请他，他实在推辞不掉，只得答应了，到朝廷中做了黄门侍郎。

到了京城，由于他的知识很丰富，所以无论对什么事情他都能说得头头是道，再加上他的口才很好，而且又非常喜欢发表自己的见解，因此每当人们听他谈论时，都觉得津津有味。

当时有一位太尉王衍，十分欣赏郭象的口才，他常常在别人面前赞扬郭象说："听象语，如悬河泻水，注而不竭。"意思是说，听郭象说话，就好像一条倒悬起来的河流，滔滔不绝地往下灌注，永远没有枯竭的时候。

资料来源：http://www. ruiwen. com/wenxue/yuyan/91308. html(有改动)

第一节 辩论演讲基础知识

一、辩论演讲的含义

辩论演讲，是人类文化心理素质和思辨能力的一种外在化的表现形式，是为了探讨现实问题、认识社会矛盾、发展思维品质而进行的言语交锋和唇舌之战。说得具体一点，辩论演讲指辩论双方运用口头语言就某一特定问题的是非曲直、优劣正误进行阐述、论证、责难、辩驳，确定自己的论断，占领理论上的优势中心，寻求科学真理，以求最后肯定正确的认识、取得共同的见解所进行的演讲。

辩论演讲的哲学基础是矛盾。古人说“相反相成”，这就是说，事物矛盾运动和发展的过程，其本身就是矛盾双方既对立又统一的规律的表现。辩论演讲就是一种既对立又统一的矛盾体。古代的中国、希腊、印度的思想家们，就是主张通过辩论揭露对方的矛盾，进而克服这些矛盾，获得双方共同承认的真理。在辩论中，正方和反方之间，既存在着对立关系，具有相互排斥、相互否定、相互限制的不相容的一面；同时，对立双方又处于统一的辩题之中，存在着相互吸引、相互渗透、相互补充的趋势和相互转化的可能性。

正确理解辩论演讲的定义，必须把握以下几点。

(1) 辩论演讲，必须要有一个共同的辩论对象，辩论双方由此形成相异的且构成矛盾或冲突的观点。如果不是同一个对象，或者虽是同一个对象，但没有形成相互矛盾冲突的观点，则不能构成辩论。

(2) 辩论双方都认为自己所持观点是正确的，对方的观点是错误的，由此展开一场运用各种方法证明自己的观点，反驳对方观点的言语交锋。

(3)“打蛇打七寸”，在辩论中，只有抓住辩题中的核心矛盾，对辩题的核心内容做出正确的界定，才有可能出现“针尖对麦芒”的精彩激辩。如果辩论中的一方没有找准辩题核心，那么，在辩论中就有可能出现一个“说东”、一个“说西”，或者出现“一边倒”的局面。

辩论中的核心概念是指事关己方得胜的重要概念。一个辩题中需要定义的概念很多，但核心概念只有一个，抓住有利于自身的核心概念，就会处于主动。应该注意的是有时正反双方的核心概念并不一致，在审题时要注意。辩论中如果双方寻找不到“题魂”或者不能在“题魂”上辩论，那么辩论就会像“两条永不相交的平行线”，形成不了有效的交锋，辩论也就不会精彩。“题魂”是双方争辩的焦点，题魂可以在确定辩题范围和语境、了解辩题历史背景的基础上，通过使辩题变窄和分析双方立场之利来寻找。

二、辩论演讲的主要特点

（一）论辩是一种普遍存在的社会现象

论辩是一种社会现象，它只存在于人类社会之中，人类社会之外不存在所谓论辩。例如，动物之间便无所谓论辩，因为动物没有使论辩赖以开展的思维和语言。论辩同时又是一种普遍存在的社会现象，凡是有人群的地方，就有论辩存在。可以说，自从人类社会出现的时候开始，论辩就随之产生；随着人类社会的发展，人们要思考争辩的问题也会增多，论辩也就随之而发展；并且只要有人类社会的存在，论辩就永远不会消亡。人类社会的历史有多长，论辩的历史就会有多久。

（二）论辩以语言为工具，是一种语言艺术

战争解决双方的矛盾冲突使用的是武器与暴力，论辩中不同思想交锋使用的工具则是语言。论辩的语言既包括口头语言，也包括书面语言；既包括外部语言，也包括内部语言。当不同的论辩者代表不同的思想观点展开交锋时，使用的是外部语言；当不同的思想观点在某个人头脑内部展开交锋时，使用的是内部语言；当不同的论辩者以写文章的形式展开论战时，使用的是书面语言；当双方面对面地唇枪舌剑进行较量时，使用的则是口头语言。不管使用语言的哪一种形式，论辩都离不开语言，如果离开语言这一工具，想要进行论辩则是不可思议的。

（三）论辩以辩题、立论者、驳论者为组成要素

辩题是双方争辩的对象，是辩论的题目。立论者是为辩题辩护的一方，通过列举若干论据来论证辩题的正确性。驳论者是对辩题做出反驳的一方，和立论者持相互对立的立场。论辩就是针对某一辩题，立论者和驳论者之间产生的不同思想观点交锋的过程。

（四）论辩具有对抗性

由于论辩是不同思想观点的交锋，论辩各方总是企图论证自己的观点是正确的，希望说服对方赞同自己的观点，因而论辩具有强烈的对抗性，没有对抗性同样也不能成为论辩。论辩的对抗色彩在论辩赛的场合表现得尤为突出。

另外，随着时代的发展，人类的政治、经济、军事的竞争越来越激烈，为了求得认识的一致，为了辨析是非曲直，上自联合国讲坛，下至街头巷尾，大到国际争端的调解，小到商务活动的谈判，都需要进行辩论演讲。于是辩论演讲这个古老的语言艺术，在当今又焕发出青春，而且越来越具有竞争的色彩。

三、辩论演讲的类型和作用

（一）辩论演讲的类型

按辩论的语言媒介不同，可将辩论分为书面辩论和口头辩论；按辩论主体人数多少，可将辩论分为双方辩论和多方辩论；按其在社会实践中的不同应用，可将辩论分为竞选辩论、政治辩论、法庭辩论、谈判辩论、学术辩论、论文答辩、辩论赛、日常辩论等。

辩论演讲是适应领域较广、情况较复杂、要求较高的一种演讲形式，一般来说，分为日常辩论、专题辩论和赛场辩论三类。

1. 日常辩论

日常辩论是指人们在日常生活中随时随地发生的争辩。生活中，每个人都会因自己的思想与他人相异而发生争辩。争辩体现着人类社会的民主和自由，反映着人类社会的文明和进步。社会群体中的每个成员，都应该正确地掌握和运用争辩这种方式，以适应社会群体生活的需要。因此，我们在进行日常辩论时，要注意以下几点。

(1) 要把握日常辩论的随机性。日常辩论随时随地都可能发生，一般以眼前突然发生的事件作为争辩的对象。因此，争辩都是即兴的。争辩的语言要求短小精悍、言简意赅、一针见血、一语中的。

(2) 争辩对象要有意义。辩论的本质意义在于批驳谬误，探索真理，通过争辩来明辨是非。除了赛场辩论，为了锻炼思维，培养口才而“求胜不求真”外，一般来讲，辩论双方发生争辩，首先必须考虑争辩的积极意义。争辩的问题无非是两类：一类是关于原则性问题的争辩；另一类是属于琐碎小事的非原则性问题的争辩。前者是必需的，而后者则显得多余。

(3) 争辩要襟怀大度。争辩的巨大作用在于辨明是非，认识真理。争辩各方要通过据理力争、互相学习、取长补短，以促进思想的深化。辩论各方为了坚持自己的观点，可以展开激烈的论战。但彼此间应互相尊重人格、尊重真理，应当采取商榷的态度、平等说理的方式。每个争辩者都要明白，任何人的思想都有局限性，世界上没有无所不知、无所不晓的人。

只有通过各种不同思想的竞长争高，才能使真理越辩越明，才能提高和发展自己的思想。在争辩时，争辩者应襟怀大度。如果自己的观点被证明是错误的，就要有从善如流的雅量，及时承认错误，纠正错误；如果自己的思想被证明是正确的，也要谨慎地注意吸收对方思想中的合理成分，以充实和完善自己的思想。

(4) 争辩要有礼貌，争辩不是争吵，争辩者切不可纵感情，凭意气。争辩双方应互相尊重人格，不能言语尖刻、讽刺挖苦。争辩的语言要有分寸感，要注意礼貌，特别是在某个话题引起你强烈的感情冲动时，更要注意克制情绪，保持彬彬有礼的举止，避免使用过激言辞而伤害别人的自尊心。尊重他人是尊重自己的前提，争辩者要想使自己的思想被他人理解和接受，就应该在争辩中显示出对对方的礼貌和尊重。

2. 专题辩论

专题辩论是指在专门场合下对某一领域或某一部门的特定议题进行的辩论。专题辩论包括法庭辩论、会议决策辩论、外交辩论、谈判辩论、毕业答辩、竞选辩论和座谈辩论等。专题辩论的专门性,决定了专题辩论中不同类型的不同性质特点。例如,法庭辩论主要表现出它的客观性、公正性和对抗性;会议决策辩论则主要体现出它的集体性、选择性和预测性;外交辩论则主要表现出它的政治性、原则性、灵活性、含蓄性和礼节性;等等。

专题辩论的专门性,还指专题辩论知识的专业性和职业身份的限制,即在进行某一专题辩论时有特定的专业知识范围,有特殊的职业身份的专业术语,有自身的所谓"行话"。因此,在进行专题辩论时,应针对不同的专题把握不同的特点,运用不同的方法。

3. 赛场辩论

赛场辩论是有组织地将辩论按照一定的规则,作为竞赛项目来进行的活动,是围绕同一问题,双方当面交锋,各自论述自己的观点和见解,抨击对方论点,揭露对方谬误的一种团体辩论演讲比赛形式。实质上,赛场辩论是一种对现实生活中的辩论——日常辩论和专题辩论的模拟,它的特点主要表现在如下几个方面。

(1) 从辩论的目的看,日常辩论和专题辩论都是为了达到真理性的认识,辩论双方都有说服对方或被对方说服的心理准备和客观可能。而赛场辩论的主要目的,不仅是达到真理性的认识,而且是通过比赛来训练辩论的能力和技巧。因此,它主要以击败对方为主要目的,双方都力求说服对方,而不被对方所说服。被对方说服就意味着比赛的失败。所以,辩论赛对开发广大青少年的智力、训练辩论技能、提高口才等方面都有积极的意义。

(2) 从辩论的内容范围看,日常辩论和专题辩论都可以针对对方的人和事,可以就对方的某个观点或行动、某种品性等进行辩论。而赛场辩论则奉行对事不对人的辩论原则,只针对对方辩友的观点展开辩论,而不涉及对方个人的品质、能力和行为。此外,由于辩论赛以取胜为主要目的,所以在辩论内容上,只要能"自圆其说",驳倒对方就可以取胜。因此,辩论的结果,胜方的观点不一定代表真理,而败方的观点并非一定是谬误。

(3) 从辩论的评判看,日常辩论和专题辩论的胜利,在于本方的观点说服了对方,在辩论时一般只有双方在场,只要考虑怎样对付对方的观点即可。而赛场辩论的胜负,决定于评判员的评判,以及现场观众的心理倾向对评判员的影响。因此,赛场辩论的双方,既要考虑以充分的论据和有力的反驳使对方失利,又要注意自己的语言美和仪态美,以争取听众和评判员的好感和同情,最终取得辩论赛的胜利。

(4) 从辩论的表达方式来看,日常辩论和专题辩论若要表达自己的观点和批驳对方的错误,要注意以委婉的方式,即不伤害对方自尊心和刺激对方情绪。而赛场辩论则不考虑心理相容的表达方式,不怕刺激对方,对方越失态,越过分激动,越对本方有利。

(5) 从辩论的组织程序看,赛场辩论属于一种竞赛,竞赛的公正性要求有一套严密的组织形式和竞赛规则，辩论时必须严格遵守这些规则。辩论双方的人员组成结构，每一个人什么时候发言，发言的时间多长，等等，都有严格的规定。相对来说，日常辩论和专题辩论的要求就没有这么严密，也没有必要这样来要求。

（二）辩论演讲的作用

辩论作为批驳谬论、探求真理的一种方式，在人类社会生活中具有重要作用，主要表现在以下几个方面。

1．提高综合能力

一个辩论者要想在唇枪舌剑、激烈对抗的辩论中征服对手，所要具备的能力是多方面的。不仅需要有口若悬河的语言表达能力，而且要具备渊博的学识、丰富的阅历、敏锐的观察力、丰富的想象能力、快速的思维能力、机智的应变能力和较强的记忆能力。要具备这些能力，并不是一朝一夕就能奏效，而必须经过长期的、刻苦的磨炼。当一个人经过长期的刻苦磨炼、具备了这些能力成为一个滔滔雄辩的辩论者的时候，自然而然，他的聪明才干也就有了极大的提高。

2．自卫的武器

在生活中乃至在法庭上，当一个人受到别人的攻击、诽谤、诬陷甚至诬告时，我们用以自卫的不能是拳头、棍棒、刀枪，而是要以语言为武器，通过“三寸不烂之舌”的滔滔雄辩推倒一切强加在自己头上的诬陷不实之词，保护自己的声誉、利益乃至生命不受侵犯。

3．扶持正义，攻击弊端

通过辩论，可以使人们辨别真假、分清是非，从而动员社会舆论力量去支持正确的主张或行为，斥责错误的言论或行为。

4．提高民族素质

一个民族通过各种各样的辩论，可以培养公民不甘退让、不屈不挠的竞争精神；通过各种辩论，可以激发起全民族的探求真理的精神，使整个民族的智慧得到开发。这样，一个民族的素质就会提高。例如，近年来在我国青少年中广泛开展的辩论赛就是一个明证。

四、辩论演讲对辩论者的要求

辩论是一种综合性、实践性很强的思想交流活动，辩论涉及语言学、逻辑学、演讲学、心理学、伦理学、法学等诸多学科。要想使自己成为雄辩之才，就需要刻苦学习各种知识，熟练掌握辩论的各种技法。因此，辩论演讲要求辩论者具有坚持真理的信念、捍卫真理的胆略、博识多闻的知识、能言善辩的口才、随机应变的机智、谦让容忍的品格。

（一）坚持真理的信念

辩论的最终目的是坚持真理、宣传真理，辩论的过程实质上是探索真理和传播真理的过程。如果辩论离开了这一目的，那就会成为毫无意义的斗嘴，甚至成为无聊的吵架。因此，辩论者只有在确信自己的观点是真理，并坚定不移地信奉它时，才可能为之而“舌战”。连自己也不相信的观点，偏要去强词夺理，那不是辩论，而是诡辩。

智慧故事

诡　辩

有两个学生请教老师：“什么叫诡辩呢？”老师并没有直接回答这个问题。而是提出这样一个问题：“有两个人到我这里来做客，一个人很干净，另一个很脏。我请这两个人去洗澡。你们想想，他们两个人中谁会去洗澡呢？”

“那还用说，当然是那个脏的人。”学生脱口而出。

“不对，是干净人。”老师反驳说，“因为他养成了洗澡的习惯；脏的人认为没什么好洗的。再想想看，是谁洗了澡呢？”

“干净人。”两个学生改口说。

“不对，是脏的人，因为他需要洗澡；而干净人身上干干净净的，不需要洗澡。”老师又反驳说。然后，他再次问道：“如此看来，我的客人中谁洗了澡呢？”“脏的人！”学生重复了第一次的回答。

“又错了，当然是两个人都洗了。”老师说，“干净人有洗澡的习惯，而脏的人需要洗澡。怎么样？他们两人到底谁洗澡了呢？”

“那看来就是两人都洗了。”学生犹豫不决地回答。

“不对，两人谁都没洗。”老师解释说，“因为脏的人没有洗澡的习惯，干净人不需要洗澡。”

“有道理，但是我们究竟该怎样解释呢？”两个学生不满地说，“你讲的每次都不一样，而又总是对的！”

“正是如此，你们看，这就是诡辩。”

（二）捍卫真理的胆略

辩论的对手水平有强有弱，身份有高有低，能力有大有小。辩论者如果确信自己坚持的是真理，那就应该不因论敌的强大而胆怯，也不因论敌是权威而气馁。这就是说，辩论要有捍卫真理的胆略。

（三）博识多闻的知识

辩论是一种智力、知识及语言表达技能的综合性较量。其中知识面的广度与深度在辩论中起着很大的作用。诸葛亮在舌战群儒中，如果没有博古通今的知识，恐怕很难在辩论中对答如流。古今中外的各方面知识，都可能成为辩论中击败论敌的有力武器，武器越多、越精，“杀伤力”就越大，这是十分浅显的道理。

（四）能言善辩的口才

辩论是一种面对面的言语交流，双方都依靠口述来表达自己的观点和理由。口述就要运用不同的语调、语气、语势，不同的语调、语气、语势可以获得不同的效果。正确的内容还需要有完善的形式加以表达，辩论者要“战胜”对方，不仅要有无懈可击的思想内容，还必须研究和运用能取得最佳效果的表现形式。因此，辩论者应该注意口才的训练。

（五）随机应变的机智

辩论是一种双方对答的口语形式，你可驳我，我可驳你。辩论者虽然事先可以对论敌做充分的分析研究，做好充分的准备，但是意料之外的情况几乎是难以避免的。所以，辩论特别需要机智灵活、巧问妙答、左右逢源、随机应变的能力。

智慧故事

不下马的“畜生”

从前，有位县官带着随员骑马到王庄去处理公务。走到一个岔路口，不知如何走，正巧遇见一农夫，县官大声问道：“喂，老头，到王庄怎么走?”那农夫不睬不理，只是赶路。县官大声要他停下，农夫说：“我没时间，我要去刘庄看件古怪的事。”县官问：“什么古怪的事?”农夫一板一眼地说：“刘庄有匹马下了一头牛。”“真的? 马怎么会下牛呢? 应该下马才对啊！”县官感到莫名其妙。农夫煞有介事地回答：“世上的怪事多着哩，我怎么知道那畜生不下马呢?”

面对无礼的县官，直言相劝相骂当然于事无补，农夫机智地运用语义双关的手法给予斥责和讽刺，借字面的“畜生”，斥责连做人常礼都不懂的县官，手法高明得很。

（六）谦让容忍的品格

辩论双方都有获胜的愿望，因此，辩论过程中往往容易急躁，甚至情绪冲动。辩论的交锋在于论理，而绝不是斗气，辩论中变辩为骂、变论为吵，那是最不可取的，有理不在言高。辩论者必须坚持说理，切忌因急躁和冲动而要态度、拍桌子甚至干戈相见。所以辩论者应该培养一种谦让容忍的品格，要在友好、和善、理智的气氛中进行辩论，坚持“说理一步不让，动火退避三舍”的原则。

第二节　辩论演讲的原则和艺术

一、辩论演讲的原则

辩论演讲是一种双边活动。虽然双方尽可以唇枪舌剑、巧言利舌，但都必须遵循辩论的基本原则。否则，辩论就可能辩不下去，或者变成诡辩，或者变成强词夺理的强辩，或者变成毫无意义的争吵。因此，辩论的双方都必须遵循辩论演讲的基本原则。

（一）平等原则

1. 反对官气十足的霸道辩风

在辩论演讲中，不论是平等关系间的辩论，还是上下级之间、官兵之间，长辈和晚辈之间、师生之间等所开展的辩论，只要辩论一开始，双方就不应该有等级、地位、辈分、权力的差异，否则上级压制下级，下级畏惧上级，辩论就不能真正开展起来。只要是辩论的对手，双方就应该是平等的，双方只能以理取胜，以理服人；绝不能以权压理，唯我独尊，以势欺人。

2. 反对搞人身攻击

辩论不能搞人身攻击，不能揭人隐私或嘲笑别人的生理缺陷。辩论的双方都应相互尊重人格，即使是对式的辩论，无论辩论多么激烈，也应保持人格的平等。

3. 双方都应有辩护和反驳的平等权利

辩论不能由一方独占论坛，垄断发言时间。双方都应有同等的发言权利和发言时间。在众人参加的辩论中，要让每个人都有讲话的机会。特别是那些没有裁判和没有明确辩论程序的日常辩论与专题辩论，辩论者更要自觉遵守平等原则。

（二）充足理由原则

辩论演讲必须坚持充足理由原则，充足理由原则主要包括以下三个方面的内容。

(1) 充足理由原则要求论理要充分，以事实为依据，事实和根据要足以证明论题，足以令人信服。要言之有理，持之有据。

(2) 充足理由原则要求辩论中的论据还必须与论题有必然的客观联系，辩论者不能脱离客观、不顾实际而主观人为地去玩弄事实和强扭论据与论题之间的逻辑联系。

(3) 充足理由要求论据必须真实。辩论者不能随便地捏造事实，不能任意曲解经典和名人的原话，更不能依赖论题的真实性来证明论据的真实性。因为论题是一个尚未确知真伪的判断，才需要论据来证明它是真实的。如果论据的真实性需依赖于论题的真实性来证明，那么，这样的论据就是不真实的。

（三）同一原则

辩论演讲中同一原则主要包括以下几个方面的内容。

(1) 要求辩论双方应在同一思维过程中使用有确定内涵和外延的概念，而且是大家都能确切领会的概念。

(2) 要求辩论双方在同一思维过程中，对辩论所涉及的概念、认识应力求同一。

(3) 要求辩论者在明确了概念的内涵和外延之后，在整个辩论过程中，不能再变换原概念的含义和外延，不能对原概念进行重新定义，或把近似或不同的概念互相混淆，要始终保持概念的确定和同一，否则就是偷换概念，违反同一原则。

(4) 要求辩论双方要有确定的论题，整个辩论过程中，双方都应自觉地始终围绕论题确定的范围展开论争，不能转移论题和偷换论题。

(5) 要求辩论双方应用同一标准去衡量是非，否则"公说公有理，婆说婆有理"，致使有些本来可以达到统一的分歧，永远也得不到正确解决。

（四）不矛盾原则

辩论演讲中不矛盾原则要求辩论者的思维不能违反逻辑，辩论者对论题的看法不能既肯定又否定，或者前后矛盾。论证所用的事实、数据，所引的理论论据等，不能前后不一致。自相矛盾的观点和论据及违反逻辑的推理，都将不堪一击。辩论的双方都应该按正确的思维方式展开辩论。

（五）排中原则

辩论演讲中排中原则主要包括以下几个方面的内容。

(1) 要求辩论者的态度、看法和主张应十分明确，不能含含糊糊。亚里士多德说："一个人对于该判断的事物不做判断，只是混混沌沌、含糊暧昧，与草木有什么区别?"辩论需要双方观点明朗，不能模糊搪塞，更不能见风使舵，趋炎附势。

(2) 要求双方辩论的观点应该是对抗性的。例如，正方认为"中国加入世贸组织利大于弊"，反方观点就应该是"中国加入世贸组织弊大于利"。如果双方观点不对抗，辩论也就开展不起来了。

(3) 要求双方对抗性的观点中，必有一方是正确的(竞赛辩论可除外)，如果双方对抗性的观点同时是错的，这就没有辩论的需要和辩论的价值了。真正的辩论是关于同一对象的两个矛盾命题的是非之争。遵守排中原则，我们将会避免许多不必要的论争。

二、辩论演讲中的十忌

辩论活动是人们以探索真理、发现真理和发展真理为目的的思想和语言的交锋。辩论双方必须遵守良好的辩论道德，避忌和反对以下十种不良辩风。

（一）忌以势压人

辩论中，双方应遵守“真理面前人人平等”的原则，心平气和，以理服人，绝不可自视高人一等。特别是长辈与晚辈，领导者和被领导者之间辩论时，长辈、领导者更应采取平等的态度，绝不能声高气粗，教训别人，理亏时更不能发脾气、要态度。

（二）忌歪曲事实

“事实胜于雄辩”，任何辩论，都应以事实为根据。辩论中涉及的事实是一种不以辩论双方的意志为转移的客观存在，是“无言的证人”。凡是不尊重客观事实，企图靠主观臆断、肢解事实、歪曲实情、制造假象或伪证等手段进行辩论的，都是不严肃、不道德的行为，也往往以失败而告终。

（三）忌揭人之短

辩论中应尊重对方的人格。不论双方观点如何尖锐对立，辩论如何激烈，都不能揭人之短，搞人身攻击，特别是不能揭人隐私或嘲笑论敌的生理缺陷。只有尊重别人，才能获得别人对自己的尊重。凡是把一些与辩题无关的内容，如论敌的隐私或生理缺陷等拿来当作石头掷向对方的，往往反而暴露和损害自己，不仅会失掉听众的信赖，而且也会使自己的辩论变得庸俗和毫无战斗力。

（四）忌争吵不休

古人云：“大辩不争。”一个人的修养和气度，在辩论中能够充分地显示出来。辩论时能否沉着、冷静，直接关系着论题阐述的好坏。因此，在辩论中切不可让理智做了感情的俘虏，说出粗俗不堪的话语，甚至大吵大嚷、恶言相向。因为凭感情用事，无谓地争吵不休，这本身就是非理智的行为，已经超越辩论的界线了。

（五）忌转移论题

在特定的辩论场合下，辩题一般只有一个，必须遵循辩题的中心和主旨进行辩论，不可有意无意地转移论题。因为论题若随意转移，辩论就成了“扯皮”。如果发现论敌在理屈词穷以后故意偷换论题，这就表明了论敌的失败，应当立即指出，免得浪费口舌。

（六）忌强词夺理

在辩论中必须坚持真理，服从真理。无论正方或反方，为本方观点辩护或反驳对方观点，其目的在于辩深论透，求得正确的认识，因而对方言中事物真义，就应停止反驳，而主动地转入另一话题，而不要固执己见，拒不承认。

（七）忌独占论坛

在团体辩论中，要让每一个队员都有发言的机会，依靠大家的智慧和合力博取辩论的胜利。任何队员都不应逞强好胜，独占讲坛，造成“一言堂”。

（八）忌前后矛盾

辩论中要尽量避免事实、论据、数字、观点的前后不一，甚至出现自相矛盾的现象。任何论据及逻辑推理的漏洞或矛盾，都会授论敌以把柄，导致本方的被动甚至失败。

（九）忌重复啰唆

在辩论中，发言要简要精练、切中要害、生动活泼、引人入胜。在团体辩论中，特别要防止本方队员发言相互重复。重复不仅浪费时间，辩驳无力，而且给人理屈词穷的感觉。

（十）忌结论过多

辩论必须有明确的结论。正确而有说服力的结论是在摆事实、讲道理、分清是非的基础上才得出的。过多的陈述结论或只陈述结论而无实质性的说理和证明过程，不但不能令人信服，反而会使人越听越不耐烦。

智慧故事

周总理机智答记者

有一次，一个美国记者同周恩来总理谈话时，看到桌上有一支美国派克钢笔，就带着几分讥讽的口气问：“请问总理阁下，你们堂堂中国人，为何还要用我们美国的钢笔呢？”听出了他的言外之意，周总理庄重而又风趣地答道：“提起这支钢笔，话就长了，这是一位朝鲜朋友的抗美战利品嘛，作为礼物赠送给我的。我无功不受禄，就拒收。朋友说，留下做个纪念吧。我觉得有意义，就收下了贵国这支钢笔。”那个记者听后，露出一脸窘相，怔得半天时间也没有说出话来。

风趣显风度，庄重显力量。在论辩中做到既庄重又风趣，可以叫对方无力招架，自叹弗如。庄重为锦，风趣为花，是为锦上添花。

三、辩论中因人施辩的艺术

在辩论中，要通过语言来把握对方思想活动的脉搏，以言追心。通过考察对方的举止神态来捕捉对方思想的微妙变化，观色析思，了解对方，熟悉对方，知己知彼，根据不同的对象，采取不同的辩论方式，因人施辩。这便是辩论艺术中因人施辩的方法。具体说来，辩论演讲因人施辩的方式有如下几种。

（一）与智者辩要旁征博引

所谓智者，就是指那些思维敏捷、机灵聪颖的人，与这样的人辩论，就一定要旁征博引，显示你的博学多才。因为聪明人容易看低别人，而只佩服比自己聪明博学的人。如果他感觉你的水平一般，见识平平，你与之辩论，由于一种虚荣心支撑他会拒绝你的意见，即使他明知你讲得有道理，意见是可取的，但他亦不会甘心认输。

（二）与迟钝的人辩论多用比喻

如果你的辩论对手是一位迟钝、见识少的人，只要努力将辩论的问题陈述与解释清楚即可。这些人的理解力、接受力与反应力都是较差的，你要想办法将道理说得明白浅显、通俗易懂。因此，宜用比喻来将道理说得生动耐听。运用比喻时，要特别注意喻体的浅白，尽量使用对方早已熟知的东西做喻体，这样才能更加奏效。

（三）与长者辩论要采用迂回术

所谓长者，就是指年龄比自己长、辈分比自己尊、职位比自己高、威望比自己大的人。与这些人辩，最大的障碍是辩者过于尊重他们，而难以启齿；或对方恃其尊威，盛气凌人，而迫使辩者无法启齿。因此，说辩的方式就要"曲"，要使用迂回曲折的辩术，不好意思明说的，可旁说；不敢明说的，可暗说；不能直说的，便绕着说。通过迂回曲折的途径，不露痕迹地把自己的观点输入对方的潜意识里，让他明理而诚服，或心里暗服。

（四）与年少者辩论要展示善的一面

所谓年少者，就是指年龄比自己小、辈分比自己卑、职位和威望都比自己低的人。与这类人辩论，应注意充分利用长者的风度，施行善术。如果想依靠居高临下的气势压服对手，要么对方口服心不服，要么事与愿违。因此，辩论时不能以势压人，要淡化"官"气，反对官霸辩风。不能"有权就有理"，俨然以主宰者自居，视下者为"民 "，视自己为"主"，盛气凌人，这样将堵塞言路，而宜采用一种平和、理性的态度。

（五）与善辩者辩论要注意防守

如果你的辩论对手是一个通情达理的明白人，便不必转弯抹角，浪费时间和精力，应该直接把你的意见明明白白地和盘托出。只要你说得言之有理，对手一般不会蛮辩胡缠。相反，如果你吞吞吐吐，左试右探，这类人并非愚人，他定会揣测到你有真言不愿吐，他会觉得你不信任他，从而产生反感，增加说辩的困难。

（六）与有怨言者辩论时应该让他先发泄

当你遇到满腹怨言的辩论对手时，最适宜的辩术是先耐心地倾听对手的发泄。有时，对手找你发泄，只是想出出气而已，并不企望解决什么。摸准对方这个意图，你不必跟他辩解，先任其发泄完，他发泄得越痛快，问题离解决的程度越近。因为一个人内心的积怨得以发泄后，心理上的不满已经自解，发泄的欲望得到满足，剩下的其他问题就不难解决了。对方在发泄过程中，往往不自觉地透露出不满的真实原因，这就给你提供了解决问题的信息，你就能从中找到说服的突破点。

（七）与骄傲的人辩论可顾全其颜面

生活中，有些人只爱听亦只能听好话，听不得逆耳之语。这种人的心理特点是自尊心极强，不能客观正视自己，傲气十足。与这类人辩论，说话要小心别伤他的自尊心，要顾全他的面子。使用“美言”“陪衬”等捧术，是应对这类人的最佳方法。

（八）与刁钻的人辩论要反治其人

生活中，有些人惯用诡辩、强辩刁难人，企图在进入辩论正题之前，先将你难住，让你不辩先败。对这种人你应采用“以其人之道还治其人之身”的方法，运用刁钻的“返还术”针锋相对，“以刁治刁”治服对方，才有可能辩理明旨。否则，你将无法进入正题的辩论。

第三节 辩论赛获胜技巧

辩论赛作为一种比知识、比谋略、比机敏、比心理、比逻辑、比智慧的综合性比赛，可以使参赛者在赛场上“纵谈天下大事，施展胸中谋略”，展现自己的大智大勇和辩才。因此，一直深受人们的欢迎。

一、辩论赛获胜的前提

要想获得一场辩论赛的胜利，辩手就必须充分做好赛前的准备。具体来说，要注重破题能力、辩驳能力、合作能力等几个方面的训练与培养。

（一）破题能力

破题能力是指解析辩题的能力。辩题解析包括概念的明确，判断的完整，以及逻辑设计、论证方法等方面。在明确概念时，可以通过查询辞书、诉诸权威、依据某种理论来定义概念，同时定义时要紧紧抓住核心概念；当下定义的方法对己方不利，或者下定义比较困难时，可以采用对对象进行多种性质和属性的多角度的描写与叙述的方法描述概念，以对己方有利。然后通过了解辩题的历史背景或者确定辩题的语境条件，完整地理解辩题后来寻找“题魂”——双方争辩的焦点。在找到核心概念和抓住“题魂”的基础上，构架整个辩论的逻辑结构，写出己方各辩论阶段的辩词。

（二）辩驳能力

自由辩论阶段的进攻和防守之策也很重要。辩论过程中，听、说、问、答、驳，处处有讲究，时时藏玄机。掌握一些攻防辩驳的技巧，并能灵活运用，可以使你在辩论场上所向无敌。

（1）听，即要听清楚对方对关键概念的界定、立论的理论和逻辑框架，支持其论点的论据。语言、情理、逻辑上的漏洞，对方的提问和对己方的反驳等。

（2）说，即己方辩论陈词时语速是否恰当，语言是否简洁，是否具有逻辑性、条理性、攻击性、艺术性和通俗性等。

（3）问，即能否主动使用反问、连环问、两难问、设问等提问技巧来掌握辩论的主动权，揭露对方的错误和漏洞，抨击对方的要害，强化己方的立论等。

（4）答，即回答对方的提问时，能否用以问代答、避而不答、以答代问、驳对方提问的前提等回答技巧来冲破对方问的控制，摆脱对方所设置的圈套，做好防守并能设法变被动为主动，陷对方于被动等。

（5）驳，即能否采用例证法、攻其要害法、利用矛盾法、巧换概念法、归谬法、反守为攻法、针锋相对法、幽默法等来攻击反驳对手以取得胜利等。

（三）合作能力

辩论赛不是辩手个人的单打独斗，而是整个辩论队伍的联手作战。因此，每个辩手无论有多高超的辩论技艺都必须化为整体的一部分，选手之间要重视整体配合。辩论中的整体配合主要有辩手与辩手之间的、辩手与辩题内容的、辩手间相互的协作和辩论队伍整体风格的形成等。在组织好辩论参赛队伍后，要结合每个辩手年龄、经历、知识结构和个人性格的特点，来安排一到四辩，尽量做到使辩手本色和辩论角色相契合。在自由辩论阶段，可以通过传卡片、就近分组、确定发言次序等来做好协作，同时练好当己方队友说错话时如何弥补的“补漏”技术。

二、辩论赛的一般战术技巧

辩论场上，常常是唇枪舌剑、寸理必争，何人取胜不仅决定于阐述的道理，也在于所运用的辩论技巧。虽然真理只有一个，但辩论技巧的高下，往往决定了辩论的结局。因此，研究和提高辩论的艺术技巧是十分重要的。

辩论的基本要求是使人对事物的是非、因果、异同、利弊、联系等有一个清楚的了解与认识，使人明白事实的真相。因此，辩论中要战胜对方，基本的战术和首要的办法就是“辩明”，使对方明白。辩论中常用的基本战术技巧主要有以下几种。

（一）辨析术

辨析即分析，分析立论的理由，分析理由的内涵，使之条理清楚、因果分明、主次分明、表里分明，以证明自己观点、理由的正确，显示自己立论的严谨。例如，某大学召开关于“对金钱的认识”的辩论会。同学甲首先站起来发言：“我认为，金钱是万能的。有了钱，就可以买衣服、买彩电、买房子、买汽车；没有钱就什么事情也办不成，比如说，失学少年为什么失学，不就是因为没有钱交不起学杂费吗？”同学乙当即反驳：“我不同意你的看法，你说金钱是万能的，就是说，有了钱就什么事都能办得到。那么，请你正面回答我：金钱能改变客观规律吗？”

（二）辩白术

辩白即解释、说明，把立论的根据、理由讲清楚，把论据特别是事实、论题说明白，以释疑惑，显示自己立论的确凿无误。例如，艾奇逊在为帝国主义和蒋介石在中国的黑暗统治辩护时，说中国革命的发生是由于人口太多的缘故。对此，毛泽东反驳道：“革命的发生是由于人口太多的缘故吗？古今中外有过很多的革命，都是由于人口太多么？中国几千年以来的很多次革命，也是由于人口太多么？美国174年以前的反英革命，也是由于人口太多么？艾奇逊的历史知识等于零，他连美国的独立宣言也没有读过。华盛顿、杰弗逊们之所以举行反英革命，是因为英国人压迫和剥削美国人，而不是什么美国人口过剩。中国人民历次推翻自己的封建朝廷，是因为这些封建朝廷压迫和剥削人民，而不是什么人口过剩。俄国人所以举行二月革命和十月革命，是因为俄皇和俄国资产阶级的压迫和剥削，而不是什么人口过剩，俄国至今还是土地多过人口很远的。”毛泽东用大量的事实做依据，对艾奇逊彻底地反驳。

（三）辩证术

辩证即辨别真伪与是非，指出对方论据不真实，指出对方论据似是而非、歧义丛生。例如，林肯在学校读书时，有一次考试，老师问他：“林肯，这里有一道难题和两道容易的题目，由你任选其一。”林肯说：“我就考一道难题吧。”老师说：“好吧，那么你回答鸡蛋是怎么来的？”林肯答道：“鸡生的呗。”老师又问：“鸡又是哪里来的呢？”林肯知道鸡蛋是鸡生的，鸡又是鸡蛋孵化的，问题的答案是循环往复，没有穷尽的，如果继续辩论下去，将会处于被动的地位，于是赶紧借助对方的“回答一个问题”的条件，声明道：“老师，这是您提的第二个问题了。”林肯通过紧紧抓住对方提供的条件，终于巧妙地摆脱了困境。

三、辩论赛的进攻技巧

辩论赛的进攻战术，一般可分为正面进攻、侧面进攻、包围进攻、迂回进攻等。正面进攻是指直接驳斥对方的论点，尤其是中心论点；侧面进攻是指从侧面驳斥对方的论据，或指出对方论据逻辑上的毛病；包围进攻是指对对方核心论点周围的分论点及论据逐一进行驳诘，最后推翻对方的核心立论，全面否定对方的命题；迂回进攻是指远距离的进攻，如从挑剔对方的辩论态度不妥或辩论风度失礼进行诘难，进而抓住对方辩论企图，深入进行驳诘。辩论中，具体的进攻战术技巧有很多，这里简要介绍几种。

（一）攻心术

中国军事家历来认为，善战者攻心为上。辩论之首，攻心亦为上。《鬼谷子·权篇》中剖析说：论战对手有智者、愚者、富者、贫者、勇者、怯者、贵者、贱者等，这就要求人们以博、辩、势、利、高、谦、敢、悦等不同方式从容对待。掌握对方心理，进行心理交锋，进而攻心服敌。俗话说："树怕剥皮，人怕伤心。"而攻心术，正是通过心理分析的方法，把论敌的意识活动，乃至潜意识活动进行"曝光"，进行心理交锋，达到辩而胜之的目的。

攻心术是应用对方心理的对策，主要功能是使对手心理失常，具体方法是向对手施加心理压力，或正向压力，或反向压力。正向压力是指给对方"戴上一顶高帽子"，让对方无缘无故背一个包袱。反向压力是指给对方以"心理曝光"，增加一个心理负担。施压后，对方不能正确判断事理，陷入失常状态。

正向施压可以满足对方的自尊心理，平衡对方的挫折心理，淡化对方的逆反心理。反向施压则可以利用对方的怯阵心理，揭穿对方的狡赖心理。

（二）借力术

借力术是指辩论中利用对方的弱点和矛盾来进行攻击的战术。利用对方的弱点进行攻击，可望迅速突破对方"防线"，尽快取得辩论的胜利。例如，对方立论不甚周延、解释不尽合理、表达欠妥等弱点均可利用。利用对方的矛盾进行攻击是指对方甲乙两人之间出现矛盾时，及时加以利用，或拥甲制乙，或借乙攻甲，使裂痕加深、阵线瓦解。

（三）反守为攻术

在辩论的过程中，当己方对对手的意图不太了解，或者出于战略考虑不急于展开进攻；相反，对方自恃优势，锋芒毕露，咄咄逼人，此时，己方则从容迎战，先稳住阵脚，然后视战局发展，瞅准了时机和突击点后发制人，充分施展攻击技巧，组织反攻，毕其功于一役，制服对手。

四、辩论赛的自卫技巧

辩论演讲中自卫战术技巧，指采取守势、坚守自己的主张与论点的战术技巧。

（一）堡垒术

堡垒术是辩论中减弱对方攻势的一种战术。可采用不断加固自己"堡垒"，坚持自己立于不败之地的原则与观点的方法，令对方久攻不下，攻势渐渐减缓；也可采用适当方法转移对方攻势，即转移对方的攻击方向、攻击对象，如使其由正面进攻转为侧面进攻，由实质性问题转为枝节性问题，均可使对方攻势减弱。

（二）劳乏术

劳乏术是采用多提问题的方法，向对方连连质问，使对方忙于筹思应答，无暇进攻，而己方则以逸待劳、静观其变、伺机反击。

（三）断后术

断后术是辩论中防止对方转换论题的一种战术。辩论中，应防止对方转换论题，力求使辩论紧紧围绕中心论题进行。例如，对方将论题转换到对方所长、己方所短的论题上，显然于己方不利；再如，对方用转换论题，甚至胡搅蛮缠来掩饰自己的失误与疏漏，也会对辩论造成严重阻碍。因此，在辩论中遇到对方有意转换论题时，应当及时指出、迅速纠正。

五、辩论赛的反击技巧

辩论演讲中的反击技巧是指在辩论中对对方的进攻做出反击的战术技巧。反击技巧在辩论艺术中有很多，这里简要介绍三种。

（一）返还术

辩论演讲中的返还术是指在辩论中"以其人之道还治其人之身"的一种战术。在辩论中，用对方的观点、方法、逻辑、推理来回击对方，用对方已承认的事实、道理来回击对方，或利用对方分论点之间、论据之间、论点与事实之间的矛盾来回击对方，可使对方陷入自相矛盾、难以自圆其说的境地，使其论点不攻自破。

（二）归谬术

归谬术是辩论反击中经常使用的一种战术技巧，即反对别人的论点，并不一定要去正面驳斥，而是先假定对方的命题为真，然后以对方的命题为前提加以演绎，导引到一个显而易见的荒唐的结论上去，并将之推向极端，推出明显荒谬的结论，从而达到以同性的大谬破同性的小谬的目的。

（三）幽默术

幽默术是指在辩论演讲中运用幽默技巧反击的战术。在辩论中，巧妙灵活地运用幽默技巧进行反击，既可使对方茫然失措，尴尬难应对，又可使听众产生共鸣，有利于己方在辩论中获胜。幽默术的具体运用有调侃法、歧义法、叠谬法等。

智慧故事

赫尔岑为的巧辩

俄国著名作家赫尔岑有一次应朋友的邀请去参加一个音乐会，可是音乐会的节目才演不久他就十分厌烦地用双手捂住了耳朵。这时，音乐会的女主人奇怪地问他："先生，你不喜欢音乐吗？"他摇了摇头，指着演奏的地方说："这种低级轻佻的音乐有什么好听的！"

女主人惊叫起来，对他说："你说什么呀，这里演奏的是流行音乐呀！"赫尔岑心平气和地反问女主人:“难道流行的东西都是高尚的吗?”女主人对他的反问不以为然,不服气地说:“不高尚的东西怎么会流行?”

赫尔岑听了她的话,风趣地对女主人说:“那么,流行感冒也是高尚的了?”说完,就告辞回家了。

第四节 辩论技巧训练

语言是思维的外壳,思维是语言的内核。辩论是一个表述思维结果,以说服对方的过程。思维的品质和水平,很大程度上制约着辩论的质量。无论哪种辩论形式,都要遵守思维规律,突破某些思维的定式,疑人所未疑,言人所未言,才能获得辩论的最佳效果。

一、思维能力训练

思维是人脑对客观现实概括和间接的反映,它反映的是事物的本质和事物间规律性的联系。发展语言能力,应该不断发展思维能力,离开了思想而单独地发展语言是不可能的。

(一) 思维方式训练

思维方式是人们大脑活动的内在程式,它对人们的言行起决定性作用。思维方式表面上具非物质性和物质性。这种非物质性和物质性的交相影响,“无生有,有生无”,就能够构成思维方式演进发展的矛盾运动。

1. 常规思维与逆向思维训练

(1) 把学生分为正方、反方,按常规(正向)思维方式或逆向思维方式,分别对下列语句做2分钟阐述。

知足者常乐/不知足者常乐

忠言逆耳/忠言不逆耳

任人唯贤/任人唯亲

一山能容二虎/一山不能容二虎

高薪可以养廉/高薪不能养廉

(2) 对“镜子、太阳、牛肉、鸡蛋、豆腐”等,按常规(正向)思维和逆向思维方式分别说出不同的观点。

2. 发散思维与集中思维训练

发散思维，又称辐射思维、多向思维和扩散思维，是指思路从某一中心向不同层次、不同方向辐射，从而引出许多新的信息的思维方式。集中思维是与发散思维相对而言的，又称求同思维、聚敛思维，是将许多新的信息围绕中心进行选择、归纳和重新组合，寻找一个答案的思维方式。

(1) 1 分钟内，说出“棉花”的 8～10 种用途。

(2) 以小组为单位，围绕“互联网”每人先说一个观点。由组长再把本组的观点加工提炼组成一段话，到班上交流。

(二) 思维品质训练

“短兵相接”的辩论，既需要正确的思维方式，也需要有条理、有广度、有机敏、有变通的思维品质，这样才能在辩论中纵横捭阖、左右逢源。

1. 思维条理性训练

(1) 阅读下面材料，说说其思维特点。

孩子厌学现象已经越来越突出(举例)，已成为教育界中的一个毒瘤。孩子为什么会厌学？我认为原因有几点：第一，……第二，……第三，……那么，作为一名教育工作者，我们能做些什么呢？我想首先，……其次，……再次，……

(2) 调整下文结构，说说其紊乱的原因。

在回家的路上，突然，一阵凄凉的哭声传入我的耳朵。小男孩看见我，揪着我的裤管说：“我迷路了，送我回家，好吗？”我循着声音寻找，原来是一个小男孩，我背着小男孩，把他送回了家。

2. 思维的开放性训练

(1) 食物联想训练。以“苹果、饼干、巧克力、牛奶”等食物，展开接近联想、类似联想、对比联想。

① 接近联想。例如，“茶—龙井—西湖……”。

② 类似联想。例如，“茶—咖啡—啤酒……”“茶—开水”。

③ 对比联想。例如，“茶—饭”。

(2) 想象扩展训练。将“杯弓蛇影、鞭长莫及、怒发冲冠、抛砖引玉”等成语，在不改变主题的情况下，扩展成小故事，并讲述 3 分钟。

(3) 想象结果训练。请为莫泊桑的《项链》、鲁迅的《祝福》等小说设想几个不同的结局。下面是几个参考示例。

① 玛蒂尔德悔恨不已，慨叹年华已逝，从此一蹶不振。

② 玛蒂尔德喜出望外，讨还了三万五千五百法郎，开始了新的追求、新的生活。

③ 玛蒂尔德百感交集、喜怒无常，她的精神崩溃了。

④ 玛蒂尔德与佛来思节夫人争吵不休，最后不得不诉诸法律，打了一场旷日持久的官司而未得结果。

（三）思维敏捷性训练

辩论打的是无准备之战，辩论者必须随机应变，快速将思维转化成言语，具有敏捷的思维能力。

1. 限时推理训练

教师要求学生在1分钟内，说明推理过程和结果。

某学校一寝室住着甲、乙、丙、丁4人。他们规定，每晚由最后一个回寝室的人关灯。有一次这个寝室的灯亮了一夜，受到宿管员的批评。班主任来查问此事，丙说："我比乙先进寝室。"甲说："我进寝室时看见乙正在铺床。"乙说："我进寝室时丙跟丁都睡了。"丁说："我很疲惫，一上床就睡了，什么也不知道。"请说说，是谁忘了关灯。

2. 快速归类训练

（1）一口气快速、准确地说出2016年里约奥运会比赛项目的名称，说得越多越好。

（2）快速说出带有"马"字的成语。

（四）思维灵活性训练

思维灵活性即思维的变通性，要求当事人根据具体情境与临场变化，随机应变地做出切合情境的巧妙反应。

（1）对下面的命题，做灵活多样的表述。

① 余林同学进步不小	② 细节决定成败	③好事多磨
④ 有情人终成眷属	⑤相见不如怀念	⑥吃亏是福

（2）阅读下文，分析思维表达技巧。

① 有一位政府官员到香港，一下飞机，就有一位记者向他发问："请问，您这次来香港带了多少钱?"显然，这是一个不便回答也不能回答的问题。因此，这位政府官员"转移"话题，回答道："您知道吗？有句俗话，见到女士不应问岁，见到男士不应问钱。"

② 卡特在参加总统竞选时，有一位反对派的记者去采访他的母亲。记者问："你的儿子说，如果他说假话，大家就不要投他的票，你说，卡特说过假话吗?"卡特母亲说："说过，但都是善意的。"女记者："什么是善意的假话?"卡特的母亲说："比方说，您刚才进门的时候，我说您很漂亮。"

二、对话式辩论训练

在日常生活中，我们往往会不知不觉地跟人争辩。这种争辩，不像竞赛式辩论那样唇枪舌剑、咄咄逼人，也不像答辩式辩论那样严肃有余而活泼不足。但生活中的辩论，不管谁胜谁负，往往都会因思想碰撞而迸发出智慧的火花，给生活增添色彩。阅读以下案例，并结合辩论技巧加以分析。

案例一：放行李

飞机上，一名男乘客对一名乘务员傲慢地命令道："小姐，把我的行李放上去。"乘务员微笑地回答道："先生，对不起，我一个人力量不够，我们一起抬上去，好吗？"那名男乘客马上讥笑说："你不是天使吗？天使还放不上去？"乘务员依然微笑地回答："先生，你可是我们的上帝啊！连上帝一个人都放不上去，我一个天使又怎能一个人放上去呢？"

案例二：如何实现电脑梦

小王是一名计算机专业的大一学生，想买一台电脑，可是父亲认为，大一学生买电脑"费钱、费时、费精力""用电脑，影响学习""电脑质量会越来越好，而价格会越来越便宜，以后再买"。小王该如何与父亲进行一次"电脑之辩"，来实现自己的"电脑梦"？

三、答辩式辩论训练

答辩式辩论主要指法庭辩论、外交辩论、毕业论文答辩、答记者问等。其辩论过程与逻辑有密切的关系，分为直接辩论和间接辩论两种形式。直接辩论是指用事实或道理来证明论题真假的辩论，常用三段论法、选言法、假言法、两难法、类比法、比喻法等辩论方法。间接辩论是指用事实或道理证明某一中间判断的真假来证明论题真假的辩论，常用反证法、归谬法等。

（一）逻辑方法理解训练

1. 三段论法

三段论法是指在辩论时，从已知的大前提和小前提出发，合理推出未知的结论。例如：

"任何公民都有通信自由"（大前提）；

"小李是公民"（小前提）；

"所以，小李有通信自由"（结论）。

2. 假言法

假言法是指在辩论时，用假设的前提去推理。例如：

犯罪分子作案必须有作案的时间，如果犯罪嫌疑人没有作案时间，那么，他不可能是犯罪分子。

3. 两难法

两难法是指在辩论时，巧设两种选择，不管对方选择哪一项，其结果都是相同的。例如：

有一位妇女看到她的孩子被鳄鱼抓住，于是求鳄鱼把孩子归还给她。鳄鱼说："如果你猜对我的心思，我就把孩子还给你。"妇女说："我猜你不想把孩子还给我。"

(二) 逻辑方法运用常规(正向)

假如你是公诉人，请用两难法，针对被告人这一为自己开脱罪责的诡辩进行反驳。

某工厂发生了一起重大责任事故，给国家造成了400万元的巨大损失。人民检察院对该厂厂长和党委书记提起了公诉。在法庭辩论阶段，厂长为自己辩护说："出现这次事故是工人违反操作规程所造成的，我们根本就没有支持工人违反操作规程，更不可能知道工人要违反操作规程，因此我们不应该负刑事责任。"

四、竞赛式辩论训练

辩论赛是一场智慧之战、机敏之争，也是在动态思维中进行的一种高智商的游戏。辩论能否成功，对辩论双方来说，不在于各自拥有多少真理，而在于能够辩论出多少真理、多少智慧。

(一) 取材技巧训练

在辩论中，接到对方的论题后，若是长篇累牍地引经据典，有时不但不能驳倒对方，反而会使自己深陷绝境。倘若拥有随机应变的机敏、瞬间的智慧，有的放矢"就地取材""调兵遣将"，往往能四两拨千斤，一招制敌。

1. 阅读下列辩词片段，说说其以"辩论双方"取材的技巧

(1) 信息高速公路的发展对发展中国家是否有利。

反方：中国有句成语叫"有勇无谋"。对方辩友口口声声要飞快发展，飞跃前进，我想到了《三国演义》里的张飞，有勇无谋，徒有匹夫之勇。如果发展中国家都成了"张飞"，也是飞不起来的！

正方：反方辩友从"飞跃发展"，想到"张飞"，想到"有勇无谋"，想象力真够丰富的，可惜这不是逻辑推理！我的名字叫徐海楼，难道我往这儿一站，海市蜃楼就出来了吗？如果我要这么说，你们会马上把我送到安定医院去！

(2) 不立不破/不破不立。

正方：对方辩友说，破就是破旧，那么，我请问，如果新事物还没有出现的话，你如何能够断定现存的事物是旧事物？你又如何能断定是不是应该破它呢？对方辩友如果连这个问题都没有搞清楚的话，那么你们所谓的不破不立，只能是瞎破瞎立啊！

反方：如果像对方辩友那样，不立不破，不破就立，连苍蝇蚊子，一股脑儿先吞下去再说，那么到发病的时候，就只怕欲破不能，悔之晚矣呀！再者，怎么对待传统文化呢？要不要在破的基础上再立呢？这就好比对方的三位女辩手吧，可以说是"南京有女初长成"，可是不破

除旧礼教，那么恐怕至今还“藏在深闺人不知”呀！

2. 阅读下列辩词片段，说说其以“赛场或赛场人员”取材的技巧

(1) 人才是否应具备合理的知识结构。

反方：小说《三重门》的作者韩寒，《幻城》的作者郭敬明，《愤青时代》的作者胡坚，这些少年作家的理科成绩是很差的，但他们的文学天赋和成就是断然不能否认的。请问，韩寒、郭敬明、胡坚算不算是人才？

正方：对方所举的几位少年作家是不是人才，现在下结论实在太早了！他们的作品经得起时间的检验吗？如果他们也像金庸先生一样，十五岁出书后，继续深入生活，勤奋创作，写出许多优秀作品，当然是人才；如果写出一两本小册子后，便江郎才尽，就不是人才！对方辩友请注意，你们在例证分析中犯了时空错位的逻辑错误。

(2) 艾滋病是医学问题/社会问题。

反方：一个人得了病也许不是社会问题，千百万人得了艾滋病难道还不成为社会问题吗？

正方：那千百万人还曾经得过感冒，千百万人还曾经得过心脏病，难道这都是社会问题吗？

反方：个人打喷嚏不是社会问题，但如果我们全场的人同时打个喷嚏，还不是社会问题吗？

（二）类比妙驳技巧训练

阅读下列辩词片段，说说其类比妙驳的技巧。

(1) 根除学术腐败关键在于教师/学生。

反方：教师在教书的时候，才是教师。不教书的时候，他们是学者。请对方辩友不要混淆了身份概念。

正方：难道教师在教书的时候就不是学者了吗？如果教师只有在教书的时候是教师，那么是不是表示一根蜡烛在点燃的时候是蜡烛，在不点燃的时候就不是蜡烛了呢？

(2) 应当不应当反对申请助学贷款的学生高消费。

正方：如果说高消费是大学生成才的必要条件，那“船院”的学生是不是都要去买一条船，我们“农学院”的学生是不是都要去买一块田呢？

反方：我们没有要求农学院的学生都去种田，但你们能让我们软件学院的同学拿着算盘编程吗？

(3) 在校大学生结婚是否有利于个人发展。

反方：据有关资料统计，大学生恋爱的分手率居高不下。毕业前夕，分手潮俨然成为校园一景。请问对方辩友，如果这些恋人在学校结了婚，毕业时的分手潮是否变成离婚潮。

正方：请对方辩友不要给今天的辩题加上一个定语，今天的辩题是在校大学生结婚是否

有利于个人发展，而不是在校大学生不负责任的结婚有利于个人发展。难道对方辩友认为不负责任和结婚可以等同吗？就比如天使，我们说它是一个美好的事物，那如果我们在前面加上“堕落”两字，变成了“堕落天使”，你还觉得它是一个美好的事物吗？

(4) 学知识是否要求立竿见影。

反方：学知识不应该要求立竿见影，知识被大脑接收后，还有一个分辨、整理、消化的过程，不可能马上就学会。就好比今天我们吃下一块牛肉，没有必要要求明天一定在身上长出一块相应的肉来。

正方：食物是有形的，知识是无形的。你吃进食物当然不可能立竿见影，也万万不能立竿见影。我们一生不知要吃多少肉，如果吃一块就长一块，后果不堪设想。但学知识却不同，人们把进修学习、继续教育叫作“充电”。我们的大脑好比电灯，知识好比电源，电源对电灯的充电功能，肯定是立竿见影的！

(5) 大学生经商利大于弊/弊大于利。

反方：一只刚出生的小母鸡，它还不会给人下蛋，因为它还无蛋可下，它目前的责任是进食，等长大以后自然就能下蛋了。在校的大学生，绝对不应该靠经商赚钱来减轻家庭负担，他们目前的任务应该是学习，等学成参加工作后，自然就能够承担起家庭责任了。

正方：也许，大学生经商与刚孵出来的小母鸡下蛋，是存在一定的“可比性”。但大学生毕竟不能等同于小母鸡。小母鸡下蛋是力所不能及的事情，是客观条件决定的，而大学生在搞好学习的前提下，利用空余时间经商，一可以减轻家庭的经济负担，二可以锻炼自己的能力，何乐而不为呢？大学生经商比小母鸡下蛋容易得多吧！

（三）攻守谋略技巧训练

辩论赛场上，最容易使己方陷入劣势的是被动应战。因此，要想掌握辩论的主动权，反客为主，使己方稳操胜券，就必须灵活运用逻辑推理，掌握“攻守”战术。

阅读下列辩词片段，说说其攻守谋略技巧。

(1) 电脑是否一定给人类带来福音。

正方：反方辩友列举了电脑给人类带来的种种弊端，但是正如雨果所说，任何工具的产生都有它胚胎时的丑恶和萌芽时的美丽。电脑这种事物，虽然是初生的婴儿，但它给人类带来的福音已经完全可以判定了！

反方：对方辩友的逻辑真有趣，如果一个刚生下来的婴儿我们就可以下判决书，判定他今后给人们带来的是祸是福，那么为什么希特勒没有被人们掐死在摇篮里呢？

(2) 人之初是性本善/性本恶。

正方：正因为人性本善，所以人随时可以放下屠刀，立地成佛。这个成语难道不正说明了人的本性是善良的吗？

反方：有的人是会放下屠刀，立地成佛的，这不错。但我要问，如果人的本性都是善良的,谁会拿起屠刀呢?这个成语归根到底,只能证明我方的观点:人之初,性本恶!

(3) 医学的发展是否应有伦理限制。

反方:既然是学医的,怎么会把发展和应用截然分开呢?对方辩友,知不知外科学、内科学、儿科学、妇科学,离开了实际应用,这些学科能叫医学吗?医学都不是,又怎么能发展呢?

正方:我倒想请问对方辩友了,相思病去看外科还是去看内科?

(4) 离婚率上升是不是社会文明的表现。

反方:我只想请大家设想一个很简单的场景,当越来越多的孩子在他们最需要关怀的时候,偏偏失去了健全的爱,这难道能说是社会文明的表现吗?

正方:君不见,有多少孩子在父母的吵闹声中流着眼泪离家出走;又有多少孩子有家不愿回,流浪在外而误入歧途。他们是有一个家,然而,这样的家带给他们的又是什么呢?

(5) 社会秩序的维系主要依靠法律/道德。

正方:你认为社会秩序的维系主要是依靠道德。那么我问你,如果你家里被"梁上君子"光顾了,你是立即去报警呢,还是等待那不知其名的小偷的良心发现,归还所窃物品呢?

反方:一位中年妇女在银行自动取款机上取了钱,一出门就被小偷偷了。她发现后大声呼喊,结果三十多名群众一起追去,有骑摩托车的,有开出租车的,很快就把小偷捉拿归案。可见道德不但能够"扬善",同时也具备"惩恶"的功能啊!

(四) 语言表达技巧训练

汉语词汇丰富、意义深刻。谋略是辩论的内涵,语言是辩论的形式。灵活运用语言艺术,将内涵与形式完美统一,使辩论更具艺术魅力。

阅读下列辩词片段,说说其语言表达技巧。

(1) 不破不立/不立不破。

正方:对方要讲历史,我们就从最古老的时期讲起,如果人类不破除四条腿走路的习惯,那么我们今天怎么能站在这里和对方辩友辩论呢?

反方:按照对方辩友"不破不立"的逻辑,这要把四条腿走路的猴子斩尽杀绝,人才能站起来走路喽!

(2) 流动人口的增加有利于/不利于城市发展。

反方:请问推力是多少?拉力是多少?流入是多少?流出是多少?

正方:拉力是巨大的,推力是巨大的。对方辩友说流动人口的增加不利于城市发展,是不是说流动人口的减少有利于城市的发展?

(3) 体育比赛该不该引进电脑裁判。

反方:当电脑裁判满怀自信步入赛场后,过分地强调准确,将严重弱化体育比赛观赏性和参与性。

正方:观赏的是什么?是一种体育美。美的基础是什么?是真。公平就是对真的一种保证。如果连公平都得不到保证，欣赏性从何而来？

思考与练习

1. 辩论演讲具有哪些基本类型？日常辩论应注意哪些要点？

2. 与日常辩论相比，赛场辩论具有哪些特点？

3. 辩论的语言技巧有哪些？在语言实践活动中，你准备怎么运用这些技巧？

4. 选择下列辩题，进行一次辩论比赛。比赛前以小组为单位进行审题、立论、收集资料、制定技术、撰写辩词等准备工作，赛后进行互评和成绩评定。

(1) 青年人应有自我意识/青年人应有群体意识。

(2) 人生机遇更重要/奋斗更重要。

(3) 高薪可以养廉/高薪不可以养廉。

(4) 宽松式教育更有利于青少年成才/压迫式教育更有利于青少年成才。

(5) 足球比赛引进电脑裁判利大于弊/足球比赛引进电脑裁判弊大于利。

(6) 电脑终将战胜人脑/电脑不会战胜人脑。

(7) 法理比情理更重要/情理比法理更重要。

(8) 金钱是谈婚姻的必要条件/金钱不是谈婚姻的必要条件。

(9) 分数应当是评价学生的主要指标/分数不应当是评价学生的主要指标。

(10) 网络使人更亲近/网络使人更疏远。

模块三

应用口才

第七章　求职口才

学习目标

（1）了解求职口才的含义、特点和意义。

（2）掌握求职自我介绍、面试应答技巧。

（3）能够运用求职口才技巧，参加模拟训练。

情境导入

口才的作用

刚刚毕业的小晴带着精心准备的简历走进一家报社，问："您好，请问您需要优秀的编辑吗？""不需要。"主管回答道。"那么，你们需要优秀的记者吗？记者岗位也可以的。"小晴依然满怀自信地问。"也不需要。"主管的回答依然毫不迟疑。"印刷工呢，我愿意从底层干起。"小晴坚持不懈，似乎非要找到属于自己的岗位。"不。"主管的回答足以让一般人绝望，但是小晴依然锲而不舍。她从容不迫地从公文包里拿出一块印刷精美的广告牌，上面写着："满员，暂不招聘。"只见她笑眯眯地说："你们一定需要这个吧！"主管终于忍俊不禁，被小晴逗得哈哈大笑，他一边笑一边说："我们需要你这样优秀的人才和你的好口才。"最终，主管把小晴安排到市场营销部，主要负责为报纸进行推广、销售和征订工作。

小晴虽没当上编辑，但得到了与口才完全匹配的职位——销售部的营销专员，总算是离自己的梦想近了一步。我们若想顺利拿到招聘单位的"通行证"，实现自己的梦想，总得走出求职的第一步。

资料来源：https://baijiahao.baidu.com/s?id=1571592344480999（有改动）

第一节 求职口才基础知识

随着社会经济的发展，人事制度改革日渐成熟。高校毕业生与用人单位基本上都实行了双向选择。面对人才市场的激烈竞争，如何在强手如林的竞争队伍中脱颖而出，得到用人单位的青睐，掌握求职核心理论尤为重要。

一、求职口才的含义

求职是利用自己所学的知识和技能，向企事业单位寻求创造物质财富和精神财富，获取合理报酬，作为物质生活来源的一种过程。也指在求职过程中，求职者运用准确得体、恰当有力、生动巧妙、有效的口语表达策略，取得圆满的求职效果的口语表达的艺术和技巧。简而言之，求职口才就是求职者在应聘过程中进行语言表达所表现出来的一种才能。

二、求职口才的特点

求职口才除了具有口才的一般特性外，还具有其自身的特殊性，主要表现在以下几个方面。

（一）目的性

在面试考场上，求职者运用简洁、坦诚而富有个性的语言进行自我介绍、回答问题等，是为了让面试单位认可自己的实力与价值，以获得理想的职位，具有很强的目的性。

（二）自荐性

自荐性强，是求职口才区别于其他口才的一大特点，这是因为求职行为就是为了把自己成功地推销出去。作为求职者，除了平日积淀下来的良好思想修养和专业素质外，还要做到知己知彼、有备而来、彬彬有礼，敢于毛遂自荐、自信自知、有的放矢。

（三）艺术性

求职口才不仅是自身能力的体现，更是求职技巧的体现。求职面试是通向职场成功的第一步，因此求职者不仅要赢，而且要赢得漂亮。要想赢得让人记忆深刻，求职者在面试时就要做到审时度势、随机应变、别具一格，突破招聘人员的问话限制，把话说得耐人把玩、富于艺术鉴赏性。

智慧故事

灵机一动

英国著名的戏剧演员罗温·阿特金森凭借"憨豆先生"的形象深入人心。他成名前到英国一家著名的马戏团应聘滑稽演员。考官出的面试题目是当场让人捧腹大笑。他又讲笑话又演哑剧,但是考官没有一个人露出哪怕一丝笑意。他灵机一动,亮出绝招,他转身拉开面试房间的门,对外面等候面试的其他应聘者说:"喂,你们都可以回家吃饭了!他们已经决定录用我了!"这时,已经憋了很久的考官们一下子集体大笑起来。罗温终于得到了一份可以发挥自己特长的工作,并最终成为英国喜剧泰斗,成为世界著名的喜剧大师。

资料来源:http://www.xuexi.la/lizhi/gushi/212302.html(有改动)

三、求职口才的意义

著名作家柳青曾说:"人生的道路虽然漫长,但紧要处常常只有几步,特别是当人年轻的时候。"求职口才在求职过程中犹如一柄护身的利剑,将有助于求职者过关斩将,走向成功的就业之路。

求职口才是一个人各种能力的外在标志,是求职者综合素质的具体体现,是求职者能力的扩大和延伸,是求职和经营、交往的现实需要。强化求职口才训练已经成为广大求职者的迫切要求。

四、求职面试应该注意的问题

视频
微笑训练法

事业之路是绵长的,要想事业一帆风顺,就要做好求职面试的准备,掌握其技巧,这是开启事业之门的一把钥匙。面试是口才的竞技场,其结果是被录用或被淘汰,因此,在求职面试中要学会扬长避短、未雨绸缪。

(一)克服自卑,表现自信

年轻人都有一种羞怯感。在特定的场合,由于某种原因,羞于启齿是很正常的。然而进入招聘的口试阶段,则应当努力克服羞怯心理。平常不太好意思在陌生人、领导、专家面前讲话的,不妨在正式面试前,由家长或朋友请一两位有一定相关知识的陌生人进行模拟面试。这种"热身仗"目的不在于猜题,而是减少一点羞怯感和自卑心理。事实上,在才能和智慧不相上下的人群中,具有充分的信心、拥有更高的热情,成功的概率会更大。

(二)听清题意,发挥特长

许多口试题目是考官们事先准备好的,有题卡供选择,也有的是即兴提问的。应试者必须听清题意或者看清题意。应试者要针对所问的题目题意进行回答,不要偏离中心,让话语"信天游"。参加招聘考试,有的是专业对口的,有的是与专业相关、相近的,有的是与原来所学的专业不太对口的。但多数考生都会经过"充电",扩大知识视野,努力做到一专多能,适应市场经济和人才需求的变化。在招聘中,要抓住机会,主动发挥自己的专业特长和优势,调动生活积累。

(三)重视情境,模拟练习

情境设置题目是话题,这类题目特别重要,应试者回答的时间相对也长一些。作为应试者,如果有条件了解一下以往招聘口试中这类情境设置型题目,会有好处。考试前也可做一些猜想,围绕某些特定的情境做些模拟准备。

视频
如何对着镜子练习

(四)灵活应答,留下印象

许多职位的面试者甚多,而面试官所提的问题是有限的,也可以说是比较集中、有针对性的。有些职业、职位的口试,是依照次序单独进行的,同类型的题目问过不同的面试者后,面试官就可看出其中的高低。一般来说,除了外在形象、普通话水平比较突出的面试者给面试官留下难忘的印象之外,那种能够调动创造性思维机制、灵活应答、产生意外效果的人,也可能给评委留下深刻的印象。

智慧故事

机智的应答

国外有一家知名酒店招聘男性服务员,面试官经过再三研究,设计出一个问题:"假如你推开房门之后才发现女性旅客正在沐浴,而你们都看到了彼此,你会怎么妥善处理?"

第一个面试者回答:"我会赶快道歉,然后把门关好,退出房间。"面试官问:"但是女性旅客一定会感到非常尴尬,又因为你的道歉而更加尴尬,如何消除她的尴尬和不安呢?"面试者根本无法回答。

第二个面试者回答:"我会说'小姐,对不起',然后退出房间。"虽然第二个面试者比第一个应试者多了个称呼,但是这个称呼未免会引起女性旅客极大的反感和误解,也许会导致矛盾更加激化。为此,第二个面试者的面试也以失败而告终。

第三个面试者回答:"我会说'对不起,先生',然后退出房间,关好房门。"可想而知,面试官毫不迟疑地录用了第三个面试者,因为这个回答不但表达了歉意,而且也使女性顾客全无尴尬,自以为自己的身份被掩饰,男性服务员也并没有看到不该看到的场面。

第二节 提升求职口才的技巧

每一位求职者都希望通过自己的努力找到一份比较理想的工作，可是谋取工作，特别是谋取一份自己满意的工作并不是一件简单的事情，需要求职者做好充分的准备工作，掌握一些求职技巧。

一、自我介绍技巧

视频
自我介绍的口才技巧

求职者在应聘时经常会对自己进行简短的自我介绍。自我介绍是向别人展示自己的一个重要手段，自我介绍好不好，直接关系到给别人第一印象的好与坏及以后交往的顺利与否。同时，自我介绍也是认识自我的手段。

（一）自我介绍的特点

自我介绍是求职口才中重要的内容，它主要有以下特点。

（1）简短性。求职者的自我介绍一般都要在3～5分钟完成（有的甚至只有1分钟），求职者要针对用人单位的需要，将对方最感兴趣和自己美好的一面展现出来，引发对方的探究欲望。

（2）概括性。语言简明扼要，给招聘者一个整体概念。

（3）重点性。详略得当，有主有次，重点介绍自己的能力与应聘岗位的匹配及发展潜力。切忌胡子眉毛一把抓，不假思索脱口而出。

（4）条理性。自我介绍要层次清晰、有条不紊，具有较强的逻辑性。

（5）新颖性。自我介绍的内容和语言组织要有新意，能对招聘者产生吸引力。

（二）自我介绍的种类

自我介绍可分为以下几种类型。

1. 直白式

直白式就是简简单单、直截了当地告知招聘方自己的有效信息。例如，“我叫×××，是××人，××学院毕业，学的是××专业，学制××年，××学历……”

2. 文雅式

文雅式就是把话说得很规范而且有文采，显示出深厚的文学功底。例如，“鄙人××，祖籍××××，就学于××学院，主修专业为××，学制时间3年……”

3. 展示成果式

展示成果式就是着重展示自己的成果，用成果去抓住并打动招聘方的心。例如，“我叫××，××人，××大学××专业，曾经获得全国大学生科技创新奖，获得湖北省大学生英语演讲比赛三等奖，荣获国家奖学金一次，公开发表学术论文××篇……”

4. 幽默式

幽默式就是生动风趣、独树一帜，这种介绍能够在短时间内拉近求职者与招聘者的心理距离，也可以使面试过程轻松愉快。例如，“我叫李小溪，知名度堪比小溪流。生于××省，一介草民；专科毕业，普通院校；其貌不扬，性格不错；成绩可以，特长颇多……”

5. 列举职务式

列举职务式的自我介绍是基于现实生活中人们往往把职务等同于水平的心理，借助职务的列举来显示出自己的学识水平与技术或组织能力。例如，“我叫×××，××人，××××学院××专业毕业，我坚信实践出真知，所以在学院学生会担任社团部部长，在社会实践中先后兼任过两家公司的总经理助理；我热爱科学，在校期间担任过两届学生科技攻关小组的组长……”

（三）自我介绍的基本要求

自我介绍的基本要求有以下几个方面。

(1) 内容设计要有针对性，分场合、分岗位，把握时间、突出重点，不可千篇一律。

(2) 语速适中，口齿清楚，用语规范，避免出现交流障碍。

(3) 切忌吞吞吐吐（自信心不足），前言不搭后语（内容不可信），话语太长（心不在焉），满口套话（没有实战经验），过分自谦（底气不足或城府太深）。

二、引发共鸣技巧

求职的过程是一个双向交流的过程，有时面试官会问一些似是而非的问题，以考量求职者的综合能力。因此，求职者表达的内容能否引起招聘方的共鸣非常重要。为此，必须掌握引发共鸣的特点、种类和要求，以占据主动、获得先机。

（一）引发共鸣的特点

(1) 契合性。求职者所阐述的内容必须和招聘者所希望听到的内容相一致。一致的程度越高，招聘者产生的兴趣就会越大，求职者的希望也就越大。这不仅要求求职者具有良好的驾驭语言的能力，同时还要求求职者具备敏锐的观察与判断能力。

(2) 典型性。既指求职者表述的内容及形式在招聘者心目中引起的共鸣面最广，也指求职者表述的内容或形式在招聘者心目中引起的共鸣程度最深，或共鸣的时间最久，还指某一求职者表述的内容或形式被招聘者认为是众多求职者中最突出或者最杰出的。一般来说，共鸣度越高、共鸣面越广者，应聘成功的概率相应也就越大。

(3) 感染性。求职者表述的内容或形式既能引起招聘者的共鸣，又能让招聘者产生认可和叹服、欣赏。也就是说，求职者所表述的内容或形式直接感染着招聘者。感染程度越深，应聘成功的概率自然也就越高。

(二) 引发共鸣的种类

引发共鸣的种类有以下三种。

(1) 悲剧式。讲出自己不同于常人的悲惨境遇，如家境、身体、经历等。因为人们普遍都有对弱者的同情心、对可怜者的怜悯心。

(2) 喜剧式。用幽默、风趣、讥讽或自嘲等方法来激发招聘者的笑神经，在其心目中建立起良好的初始印象。

(3) 实用式。求职者要学会用语言去提醒或引发(激发)招聘者，使招聘者感到求职者的知识与技能确实对自己有用。

(三) 引发共鸣的基本要求

引发共鸣的基本要求有以下方面。

(1) 共鸣要合情合理，既合乎求职者自身的情况，又符合招聘者现实的需要。要准备好共鸣的后续事项，如进一步地深入论辩，或是具体的实务操作等。注意共鸣的经济效益和社会效益，而且求职者所发出的共鸣都只能是正效益。

(2) 注意从现场的各种因素中发现共鸣点，并注意从招聘者的话语中捕捉共鸣点。例如，校友、同乡、同行业岗职等都是很好的共鸣点。

求职引发共鸣还要注意避免判断失误、引不起共鸣，求职者自己“剃头的挑子一头热”。共鸣点太肤浅或准备不足，无法继续深入，给招聘者留下不成功的投机印象；共鸣点与所应聘的团队及岗位关联不紧，甚至毫无关联，引不起招聘者的兴趣；共鸣的题材太过敏感，他人唯恐避之不及；共鸣时的表现太过激烈，暴露了求职者的性格弱点。

三、展示亮点技巧

亮点就是优势。尺有所短，寸有所长。天生我材必有用，每个人都有自己的优势。求职应聘时展示亮点就是增加胜数。

(一) 展示亮点的特点

(1) 适用性。求职中的亮点首先就是要对对方(招聘者)有用，最好还是对方迫切需要的。

(2) 突出性。优势有大小的差别，何为大、何为小虽然不好具体界定，但一定要是最突出的，或者是求职者身上最突出的，或者是这批应聘者中最突出的(他人所没有的)，或者是招聘者眼前最需要的。总之,符合的项数越多越好。

(3) 潜在性。有些优势暂时没有表现出来(如研究能力),但只要求职者具备良好的素质(如专业钻研精神和习惯等),有见地的招聘者常常也会慧眼独具,视其为优势。

(4) 转化性。相关的优势之间常常可以相互转化。对于某些急需行业或技术而言,在一时找不到更理想的应聘者的前提下,聪明的招聘者往往也会将这些可能转化的相关优势直接作为急需优势来加以吸纳、利用。

(二) 展示亮点的种类

展示亮点的种类有以下几种。

(1) 工作式。在面试过程中,将自己实际工作中的优势用生动、精当的语言陈述和表露出来。

(2) 技术式。在面试过程中,将自己在应用技术方面的优势用生动、精确的语言陈述和表露出来。

(3) 生活式。在面试过程中,将日常生活中自己的优势用生动、精当的语言陈述和表达出来。

(4) 特殊式。求职者只要具备了某一项较为独特的本领,都可以而且应该寻找到急需的相关行业,并展露出来。

(5) 发展式。发展好自己的优势主要包含两层意思:第一,任何优势都是从小到大发展而成的,假如求职者已经具备了某一稀缺的优势萌芽,就应该加紧培植,让其迅速成长壮大;第二,任何优势都是不断发展和前进的,即使求职者已经具备了某一明显的独家优势,仍然应该不断发展、完善,万不可停滞、封闭,否则最终仍可能会被他人取代。

(三) 展示亮点的基本要求

展示亮点的基本要求有以下几个方面。

(1) 亮点越多越好,亮点越突出越好;亮点与所应聘的岗位关系越紧越好,亮点表述越生动风趣越好。

(2) 要从招聘单位或岗位职责中最薄弱的环节去寻找并展示亮点,重点展示职业亮点,而不是性格亮点。亮点要与自我介绍形成一致,有鲜明的现实效益性和操作性。

(3) 展示亮点不能无中生有或者随意夸大,经不起招聘者的检验;亮点与自我介绍不能前后矛盾,不能让招聘者怀疑其真实性;不能把职业亮点与性格亮点混为一体,使亮点的分量太过微薄,引不起招聘者的兴趣。

四、弱项技巧

金无足赤,人无完人。每个人都有自己的短板,如何化短为长,赢得招聘者的好感,是需要一些技巧的。

（一）弱项的特点

弱项的特点有以下方面。

（1）同情性。求职者所展示的弱项必须是能使人产生同情的弱项。

（2）可塑性。人们之所以能接纳、同情求职者的弱项，目的并不是欣赏，而是希望能亲手给予改变——这种改变往往可以激发他人的功业感和自豪感。所以求职者所表现出来的弱项一定要是可以改变的弱项，而不能是僵死有害的痼癖。

（3）无害性。求职者所显露出来的弱项还必须是安全的，即对他人或团队不会产生任何妨碍（包括物质与精神等），否则，招聘者即使想同情也不敢去同情了。

（4）缘由性。求职者所显露出来的弱项还应该是有缘由的，这个缘由可以是生活经历、成长环境或家庭经济状况等。总之，必须符合现实中的因果关系，必须让人理解并看到可以改变的前景。

（二）弱项的种类

弱项的种类有以下几种。

（1）性格式。暴露某一方面的性格弱点。首先，要全面分析自己的性格类型；其次，必须评判好自己的性格弱项与公众的相容性。

（2）技术式。显示个人专业技术上的弱项，并估测这个弱项的改进可能及对将要应聘的工作岗位的影响。

（3）知识式。展示自己某一方面的知识缺陷，同样也应正视这个缺陷的弥补可能，以及是否会对应聘的工作岗位产生影响。

（4）身体式。展示自己在身体方面的某些不足，同样也得正视这个不足是否有其他的代偿功能，是否会影响将应聘的工作岗位。

（5）心理式。暴露自己在气质、心理方面的弱点，同样需要先全面分析自己的气质类型、心理定式等及其产生或形成的原因，然后再评判自己的这些气质、心理弱项在生活中的危害程度及改进可能，充分考虑到公众的相容程度等。

（三）弱项的基本要求

弱项的基本要求有以下几个方面。

（1）说话注重客观性，一分为二或者一分为三。掌握好弱项与岗位、职业的关系，无关的弱项一般不必说出。要在综合分析的基础上来展示弱项，让招聘者觉得可信却不可怕。

（2）亮点为主，弱项居次。所展示的弱项一定不能构成对岗位或职业的危害，所展示的弱项应该具有可补性。

（3）注意分寸。完全不展示弱项，招聘者会觉得求职者言过其实；夸大弱项或者弱项太多，让招聘者感到害怕；弱项明显对工作或团队有害，而且无法克服、更改，为安全起见，招聘者只好忍痛割爱。

五、应对尴尬技巧

从某种意义上来说，面试过程是一个智力较量的过程。招聘者提出的问题多种多样，其中最让应聘者感到棘手的是一些令人尴尬的问题，而这些尴尬问题最能帮助招聘者发现问题，检测求职者的性格特征、心理素质等。

（一）应对尴尬的技巧

应对尴尬的技巧包括以下方面。

(1) 承受尴尬。求职者经受尴尬的锻炼，学会从尴尬中寻求解脱，重觅新路，创造出“柳暗花明又一村”的新境界来。

(2) 急中生智。求职者在紧急状况下快速反应，力求在最短的第一时间内做出合理的选择，拿出比较科学正确的解决方法。

(3) 仿真训练。模拟相似的应聘情境，锻炼自己抗挫折和应变的能力等。

（二）应对尴尬的基本要求

应对尴尬的基本要求有以下几个方面。

(1) 镇定不慌乱，争取时间，尽可能在第一时间内快速拿出解决办法；奉行无伤害原则，既解决问题，又不会影响招聘方的要求，还不至于伤害其他方的利益。

(2) 礼貌不拒绝，记住求职口才的“二十四字法则”——有备而来，有的放矢；巧问妙答，谦虚自信；表现能力，展示风度。

(3) 切忌临阵慌乱，茫然不知所措；强词夺理，引发争执；陷入尴尬，不懂得另辟蹊径。

第三节 求职口才训练

一切社交活动都离不开交谈。在知识经济时代，许多用人单位为了树立自身的良好形象，获得最大的社会效益和经济效益，对员工的交谈能力提出了更高的要求。

一、求职自我介绍训练

视频
面试口才训练小妙招

自我介绍是求职面试交谈中的一个重要环节，其介绍效果如何，直接决定面试的成败。请运用求职自我介绍技巧分析说明下面几个案例。

（一）杨澜的成功

问题：为什么不够漂亮的杨澜，却能够“击败”美女对手，如愿以偿进入《正大综艺》栏目组？

杨澜为应聘《正大综艺》节目主持人接受面试的时候，主考官对她初试的综合表现评价很高，但却嫌她不够漂亮。复试的时候，主考官安排杨澜与一位容貌出众的面试者竞争。

主考官对杨澜说：你将如何做这个节目的主持人？介绍一下你自己。

杨澜回答说："我认为主持人的首要标准不应是容貌，而是要看她是不是有强烈的与观众沟通的愿望。我希望做这个节目的主持人，因为我特别喜欢旅游。人和大自然相亲相近的快感是无与伦比的，我要把这些感受讲给观众听……父母给我起名'澜'，就是希望一个女孩子能有海一样开阔的胸襟，自强、自立。我相信自己能做到这一点……"

（二）有特色的自我介绍

问题：为什么小吴的自我介绍能够打动用人单位？

小吴是一家外资家电公司的业务员，说起应聘的事情，至今喜形于色，原来，去年他曾与十名本科生同时应聘现在这个岗位。就学历而言，自己是高职院校的专科生，不占优势，但由于自我介绍很有特色，最终使他顺利通过面试，得到了这份心仪的工作。小吴的自我介绍具体如下。

面试官好！

我叫吴××。吴字是个象形字，意思是一个猎人不断地回头看看他的猎物跟来了没。因此，姓吴的人是猎人的后代。实际上，我的父母都是煤矿工人，从小他们就一直告诉我，要认认真真做事，踏踏实实做人。我对公司的记忆，是从妈妈购买我们公司生产的洗衣机开始的，妈妈常说：这个牌子的洗衣机好用、耐用，又省电、节水。今天我很幸运，终于有机会来到贵公司应聘。

（三）基本模式自我介绍

问题：采用基本模式进行自我介绍，你觉得录用的概率大吗？

我叫×××，是××大学××专业××级的应届大学毕业生。在四年的大学生活中，在个人的努力及学校的教育下，我具备了××专业较为扎实的专业基础知识，系统地掌握了××专业的相关理论，英语通过国家×级考试，计算机通过了×级考试，还获得了××职业资格证书，获得×次奖学金。

我承担了班级××工作，使自己各个方面的才能得到了全面的锻炼。我还参加了××公司的××活动，锻炼了自己，加深了对社会的认识，取得了××成绩，受到了××公司领导和同事们的一致好评。

我喜欢××，爱好××，是一个性格开朗、尊重师长、团结同学的人，喜欢与人共同努力去完成一项工作。这次应聘贵公司的××岗位。贵公司是一家××的公司，我想在这样的企业里我能学到许多有用的知识和技能，将有助于我更加快速地成长，谢谢！

二、求职应答技巧训练

对求职者而言，了解面试应答背后的“猫腻”，在分析中“悟”出规律，“理”出思绪，达到“活学活用”的效果，至关重要。请运用面试应答技巧分析说明下面几个案例。

（一）如何应对错误

招聘者：你说你爱好写作，可是我看了你的报考表，在“自我评价”栏中居然出现了三处语法错误。现在没有多余的表格，也不准涂改，你怎么办？

求职者：为了弥补失误，我可以在表后附一张更正说明，上面写上“某某地方出现了三处语法错误，实属填表人的粗心，特此更正，并向各位致歉”。不过，在发出这份更正说明之前，我想知道是哪些错误，因为不能无的放矢，错误地发出一份更正说明，我不愿犯这种错误。

（二）不理想的工作

招聘者：贸易的范围很广，如果你被分配到需要体力而又不能很好发挥专长的仓库去工作，你有何看法？

求职者：我喜欢贸易工作，我觉得到仓库工作和做其他业务工作一样都离不开贸易专业知识。因为我懂专业，这样才能把复杂的仓库工作做得井井有条，加之我有足够的体力，只要想到是在为贸易做贡献，我就是快乐的。

（三）大学的收获

招聘者：说说你大学几年的收获(成绩、成就、感到自豪的东西等)。

求职者：大学四年，我感到自己最大的收获是学会了两件事：一是学会了怎样做事，二是学会了怎样做人。我真的感到做事认认真真、做人踏踏实实是最重要的。这是一个人、也是一个企业能否发展的关键。我感到我找到了一些做人和做事的感觉，这是我最大的收获。

（四）聘用的理由

招聘者：我们为什么要聘用你？

求职者：这几年的大学生活，我没有学到太多的专业技能。我把主要的精力放在学习知识、掌握销售技能上。现在，我相信自己已经是一个完全合格的业务员。在××公司实践中，每个月我可以完成××销售任务。

（五）选择的理由

招聘者：你为什么选择我们公司？

求职者：我认为公司能为我提供一个发挥专长的工作舞台，我也能同公司共同发展和进步。更为关键的是，我认为最有价值的，是我们公司的核心价值观。

（六）期望的工资

招聘者：说说你对于工资的期望。

求职者：我一定要为公司努力工作，我相信公司会根据我的表现给我应得的报酬。我最关心的是我能不能把工作做得更好。

思考与练习

1. 根据情境设置，思考并回答问题。

招聘 Java 程序员 1 名。

招聘要求：

(1) 计算机相关专业；

(2) 熟悉 Java 的 J2EE 架构，有一定的项目经验，熟悉 Oracle；

(3) 具有团队合作精神，热爱软件开发工作，能够出差。

思考讨论：

(1) 这次面试过程中可能遇到的问题有哪些？写出 8 个。

(2) 在揭示求职者能力方面，哪些问题最有效？

(3) 在揭示求职者弱点方面，哪些问题最有效？

(4) 你希望被问到哪些问题？

(5) 在这个活动中，求职者如何扬长避短？

2. 请根据以下招聘启事，以小组为单位，分别作为招聘者、求职者，进行求职面式模拟训练。

招聘启事

山水旅行社有限公司创建于 2008 年 12 月，连续十一年荣获浙江省百强企业，得到了社会各界的好评。公司因业务发展需要特招聘以下工种员工：

(1) 计调 2 名；

(2) 门市接待 5 名；

(3) 专职导游 5 名；

(4) 市场营销 3 名；

(5) 电脑专职人员 1 名。

员工待遇面议，熟练工优先录取。年龄 20～35 岁均可报名。

报名地址：山水市国际大酒店 13 楼

报名联系人：胡女士

报名热线：2125468

第八章　社交口才

学习目标

(1) 了解社交口才的含义、特点。

(2) 掌握拜访与接待、说服与拒绝等社交口才技巧。

情境导入

汤显祖讥言揭丑

明朝万历五年(1577),宰相张居正为了让儿子张嗣修能名呈榜首,会试之前,买通墨客骚士,在朝野为其儿子大肆吹捧。同时,又暗中策划让前来会试的临川才子汤显祖取第二名,列在他儿子之后做垫衬,以抬高其儿子的身价。为此,张居正派堂弟张居直去见汤显祖。张居直不学无术,却要卖弄才学,见了汤显祖笑道:"汤才子仙乡乃产笔名地,故王勃在《滕王阁序》里写有'光照临川之笔'的佳句。汤才子如带了几支来京,可否让老夫一饱眼福?"汤显祖听了,不禁哑然失笑:"据我所知,王勃所题'光照临川之笔',乃指王羲之的书法,并非指临川产的毛笔。"

张居直闹了笑话,颇为狼狈,但仍厚着脸皮说:"吾兄张居正提倡以文会友,希望儿子能与才子交游。"

汤显祖讥讽道:"宰相为子侄辈在科场中通关节者,我只知南宋秦桧干过这种丑事。他要主考官陈子茂取其孙秦埙为第一名,但陈子茂在卷议时毫不犹豫取了陆游为第一名。秦桧的事成了千古笑柄。那秦桧是个奸臣,营私舞弊不足为奇。张宰相乃当代名臣,断断乎不会出此下策吧?"一席吐锋露锐之言,说得张居直满脸羞红、瞠目结舌。

结果,汤显祖会试之后,连殿试的资格也被取消了。他回到临川时,抚州知府亲赴文章桥迎接他,赞扬道:"你虽未中,但比考中头名状元更光彩。"

资料来源:http://www.ruiwen.com/gushi/1214356.html(有改动)

第一节 社交口才基础知识

“便捷的口才将使你雄辩滔滔，占尽上风”，这是镌刻在 3 000 年前的埃及古墓上的铭文，用来形容社交口才最恰当不过了。社交口才可以让人们在交际场合如鱼得水，让自己的事业如虎添翼。

一、社交口才的含义

社交口才指的是人与人之间在社会交往活动中，善于运用准确、生动、形象的语言表达自己的思想、意愿和情感的一种能力或才能。社交口才是人类有效的沟通工具，是人类表达思想的载体，是人类不可缺少的成功智慧。随着全球经济的一体化，人与人之间交往的频率越来越高，交往的形式也越加丰富。拥有良好的社交口才可以极大地提升自身社会交往中的个性魅力。

二、社交口才的作用

口才是人们进行社交活动的基本工具，社交场合是施展口才的最佳舞台和场所。社交口才是人生的宝贵财富，是神奇的公关密码，是成功的敲门砖。睿智的商界精英，儒雅的政府领导，渊博的专家学者，大部分都有上佳的社交口才。西方一位哲人说：“世间有一种成就可以使人很快完成伟业，并得到人们的认识，那就是讲话令人喜悦的能力。”

社交口才是事业成功的发动机。思维敏捷、能言善辩是一个人事业成功的保证，善于用准确、贴切、生动的语言表达自己思想感情的人，办事比较顺利，做事能够成功。

社交口才是人际关系的润滑剂。懂得语言艺术的人，一定懂得与人相处之道。人生在社交中度过，感情在交流中渐浓，出色的社交人才，可以使熟悉的人情更浓、爱更深；可以使陌生的人产生好感，建立友谊；可以使意见分歧的人互相理解，清除矛盾；可以使心存怨恨的人化干戈为玉帛，友好相处。

三、社交口才的语言特征

社交口才的概念内涵，渗透着礼仪规范的基本标准，因此社交口才可以折射出社会群体的文化观念，细究起来，它包含以下特点。

（一）主动性

社交口才要求人们做到礼让，要求人们要主动应对，寻求观点的求同存异，要主动向需要交际的一方示好。例如，请人帮忙时，不忘说句“您好，打扰一下，请问……”早上见到长辈、领导及同事，要问好。见到有人走来，要笑脸相迎。

（二）礼貌性

个人的能力是有限的，众人拾柴火焰高，所以要寻求社交环境的和谐就必须以礼待人，严于律己、宽以待人。语言表达要文雅，倾听时要专注。向人汇报时，要谦虚谨慎。可以考虑使用一些约定俗成的敬语，例如，“您好，初次见面，请多多关照”“很高兴认识您”“久仰大名，认识您是我的荣幸……”

（三）谦和性

谦和在汉语中指的是谦逊易接近、谦虚平和，一种人心向善、心如止水的境界。常言道：谦虚使人进步，骄傲使人落后。和气生财，和谐才美。与人交际时，要态度和蔼、面容慈善、措辞平和。在生活中，我们经常可以听到“贵宾驾临寒舍”“贵公司”“对不起，让您久等了”“请原谅，打扰了，真不好意思”等用语。

智慧故事

说话的技巧

古代有一个国王，一天晚上他做了一个梦，梦见自己满嘴的牙都掉光了。于是他就找了两位解梦的人。国王问：“为什么我会梦见自己满嘴的牙都掉光了？”

第一个解梦人说：“尊敬的国王，梦的意思是，在你所有的亲属都死去以后，你才能死，一个都不留。”国王一听，大怒，当即下令，“赏”了第一个解梦人100大棍。

第二个解梦人说：“至高无上的国王，梦的意思是，您将是您所有亲属当中最长寿的一位呀！”国王听了很高兴，当即赏给第二个解梦人100枚金币。

同样一个梦，同样一个意思，但是因为说法不同，结果也不一样。

四、社交口才的要求

社交口才是培养社交能力的重要一环，了解它的基本要求，就有可能成为一个有魅力的人。其基本要求如下。

（一）讲话适时

适时即指在正确的时间做正确的事情。社会交往时，讲话要注意场合、注意时间。不能够见面时不问候、分手时不告别、失礼时不道歉、赞美时不鼓励、悲伤时不安慰,“良言一句三冬暖”,在正确的时间适时表达自己的情感是社交口才的第一个要求。

(二)讲话适量

适量指说话多少适度,也包含音量适宜。该说时多说,不该说时少说乃至不说。啰啰唆唆、反反复复,势必使人厌烦;反之,“闷葫芦一个”同样使人厌烦。音量适宜是指与人交际时谈话的音量也要有所变化,在大厅、原野、空旷的地方音量宜放大点;而在与私人交谈时、公共场所及与朋友交谈时音量适宜放小,一则表现亲密无间,二则不影响他人,这是社交场合中口才表达应该注意的问题。

拓展阅读

交际口才与沟通技巧

(1) 说出你的想法。当信息被传达时,大多数人会因为怕达不到社会的期望值而羞于表达他们的想法。人们常常在谈话中倾向于保留自己的想法。有效沟通的最主要的目的就是能在特定的环境中表达出自己的想法。

(2) 理解沟通的细微差别。沟通早已不再局限于口头的交流,而变成人与人之间联系的有效方式。沟通过程中存在着许多干扰和扭曲信息传递的因素,在传达的过程中信息的内容和含义经常会被误解。理解了这种微妙的差别,会使你更加意识到自我提高的需要。

(3) 善于倾听。沟通不是单向的过程。倾听与说话一样重要。事实上,大多数交际专家都认为,理想的沟通者听要比说的多。倾诉能缓解人际关系的烦恼,这听起来令人振奋,但有时候仅仅倾听就能获得成功。它不仅能丰富你的交际经验,还能让你在其他人身上获得更多的共鸣。

(4) 保持眼神的交流。吸引听众的完美方式就是与其保持眼神的交流。谈话时看着对方的眼睛,往往会将其摇摆不定的注意力吸引到交谈中。眼神的交流能使谈话者的注意力无形之中集中起来。如果没有眼神的交流,言语交际甚至是完全无用的。

资料来源:https://www.52wxq.com/article/1954.html(有改动)

第二节 提升社交口才的技巧

一、拜访与接待

（一）拜访

拜访是人们日常工作生活中较常见的交际形式，也是彼此之间联络感情、增进友谊的一种有效方法，主要指亲自到他人家中或工作单位进行拜见访问的行为。

拜访是一种礼节，从国家元首的政治性外交出使到亲朋好友之间的礼尚往来；从严谨周密的商务接洽到市井人家的诙谐谈笑，拜访不仅仅存在于工作学习之中，更融进了平民百姓的日常生活。

1. 拜访的种类

分类标准不同，拜访的种类也不相同。

(1) 根据拜访的性质，可以划分为官方拜访、公务拜访、私人拜访和辞别拜访。

官方拜访是指两国建立正常邦交行为后所衍生出来的各类官方层次的访问。大使馆官员拜访所驻国外交部官员，两国各级政府官员的相互拜见访问。

公务拜访是指办公人员依据工作职责与政府部门、社会团体、企事业单位所做出的公务访问活动，包括工商界等机构与顾客之间相互往来的商业经济洽谈等。

私人拜访是指亲戚、朋友及同学之间，以相互联络感情、增进友谊为目的的访问活动。

辞别拜访是指职务交替、出国深造、外地求学以及出门旅行时的访问活动。

(2) 根据拜访的形式，可以划分为初访、重访和回访。

初访是指拜访者依据不同的目的对被访者进行初次访问的行为。

重访是指在工作生活中根据实际情况和需要，拜访者对被访者进行再次访问的行为。

回访是指被访者在接受他人或机构的拜访之后，礼貌性地回复访问行为。它主要以私人拜访为主，官方、公务性质的回访应以业务需要及具体情况为依据。

(3) 根据拜访的内容，可以划分为礼仪性拜访、事务性拜访、随意性拜访。

2. 拜访的语言技巧

(1) 说好进门语。进门语是拜访者出于礼貌，询问被访室内是否有人和表达打扰歉意的语言，少数情况下可以用来阐述拜访的原因。例如：

“请问，××在家吗？”

“不好意思，打扰您休息了。”

“听说您最近身体不舒服，今天特意来看望您。”

进门语一般情况下由询问语和寒暄语两部分组成。用来询问被访室内是否有人和被访者是否在内。当被访者房门紧闭时，应先短促地按一下门铃或用食指关节处轻叩房门；即使房门敞开，也应轻叩门背，以示提醒和表示对被访者的尊重。同时应礼貌地询问被访者的情况。例如：

“请问，这是张××的家吗？”

“打扰了，请问张××在家吗？”

“对不起，请问屋里有人吗？”

拜访者与被访者见面后，需立即向对方打招呼表示问候，以示友好和热情，也就是寒暄。寒暄既可以消除尴尬，又可以使拜访双方迅速熟悉起来，往往会为双方进一步交谈做出良好的铺垫。寒暄语一般由称呼和应酬语两部分组成，大致可分为问候式寒暄语、赞赏式寒暄语、言他式寒暄语。

问候式寒暄语多用于日常生活及礼仪性拜访，通常由拜访人根据场合、对象和实际情况的不同而给予变换。例如：

“王主任，最近身体好吗？”

“张老师，祝您教师节快乐！”

赞赏式寒暄语多用于日常生活、工作及私人拜访中，需要拜访人以小见大，突显出被访者的良好个人特质和精神风貌。例如：

“赵小姐，您穿这件衣服真好看！”

“老王，听说你儿子今年考上清华大学了，真是虎父无犬子啊！”

言他式寒暄语多用于公务拜访及初访，在对被访者了解不多的情况下，先谈与主题无关的其他事务，像社会热点、天气状况、室内布置，等等。例如：

“李厂长，今天好像要下雨啊！”

“张教授，看您对古玩字画很感兴趣。”

(2) 说好晤谈语。待双方寒暄过后，拜访者应尽快进入主题，表明来意。交谈的时间也应依据事件的轻重缓急而定，遇到有分歧和重要的事件，可分多次进行，待重访或对方回访时再次讨论，切不可交谈过久，并应随时注意观察被访者的动作和表情，如遇对方突然有急事或不耐烦时，可适时中止交谈。在公众或公开场合下，如涉及被访者保密或隐私性内容，拜访者应予以回避，非说不可时，也应寻找合适的机会和语言。

(3) 说好告辞语。告辞语是与进门语相互对应的语言表达方式，主要表述对打扰被访者的歉意和双方交谈的愉快，并适当向对方表示重访的邀请和回访的意愿。例如：

礼仪性：“不好意思，打扰您休息了。”“事情就拜托您了，请回吧！”

随意性:“今天先走了,改天有时间再聚。”

回访性:“改天请您来我家做客。”

3. 拜访的注意事项

(1) 拜访应事先预约,不可突然到访。

(2) 拜访应尊重主人礼节,不可自作主张。

(3) 拜访应做好准备,不可粗心大意。

(4) 拜访应真诚热情,不可虚情假意。

(5) 拜访如遇突发事件,应及时告辞。

(6) 告辞时应表示出对交谈的满意和愉快。

(二) 接待

中华民族历来是一个热情好客的民族,中国是礼仪之邦,善待来客也是其传统美德。现代社会将接待引申为迎接招待之意,主要指接待员向来访者进行招待和酬谢的行为。具体情况因事因人而异,基本原则不外乎“热情、礼貌、文明”六个字。

1. 接待的规格

在中国,接待的规格是以陪同的角度而言的,主要依据来访者的身份、地位及事件的性质来确定。接待规格的正确性很重要,如果接待规格过高,就会影响正常工作生活;接待规格过低,又会影响彼此间的往来关系,因此,确定接待规格时应慎重全面地考虑。

一般情况下,接待的规格可以分为以下三种。

(1) 高规格接待。高规格接待是指主要陪同人员比来访者职位高的接待。例如上级领导或上级领导机关派一般工作人员向下级领导口授意见,下级领导要出面作陪;兄弟单位领导或派人商谈重要事情,本单位领导要出面接见,必要时应陪同座谈;下级领导来访,领导应出面做陪;甲企业的副总经理到某公司谈业务,某公司陈总经理为了表示友好和重视,出面接待,全程陪同。

(2) 低规格接待。低规格接待是指主要陪同人员比来访者职位低的接待。例如,辖区公安局负责治安的副局长,下到基层搞治安调研;某企业因屡次被盗,副局长特意前来咨询具体情况;因为公安局的行为属于正常工作调查范畴,与企业无直接利害关系,该企业仅派出办公室人员出面接待协助调查。

(3) 对等接待。对等接待是指主要陪同人员与来访者职位同等的接待,也是最常用的接待规格。例如,1971 年 4 月 14 日,中华人民共和国国务院总理周恩来会见了美国乒乓球队代表团。总理高兴地说:“你们在中美关系史打开了一个新篇章。”一个星期后,美国乒乓球代表团团长斯廷霍文来到白宫,向总统尼克松汇报北京之行的情况。他说:“我已邀请中国乒乓球队回访美国。”总统说:“给予完全对等的接待。”这就是著名的“小球推动大球”的故事。

2. 接待的语言技巧

(1) 热情主动。接物待客之道贵在热情主动、进退有度,使来访者感受到主人的诚意和尊重,却又不觉得过分虚伪。这就需要接待者在表示自身欢迎态度的同时,掌握好语言的分寸和尺度。

作为一个合格和称职的接待者,应在面对不同的人群和环境时采取不同的接待礼仪。例如,面对经常交往和熟识的朋友、同事、客人的时候,可以表示久不见面的企盼和思念,并热情询问对方的工作、生活、身体健康等情况,以示关心。面对初次见面和由于工作等原因而认识的人,应采用不卑不亢原则,语言礼貌周全,表示慰问和感谢。如果来访者较陌生,可以用询问性的语言给予提示。

(2) 健谈善知。在谈话过程中,接待者应根据来访者的年龄、性别、文化层次等因素,采取不同的谈话方式,并善于引导来访者清晰、明确地表述出其意图和目的,并就事件情况和自身能力给予解决与回答,给客人以愉悦的感觉。在遭遇敏感和分歧话题时,应适当调节谈话气氛,采取鱼目混珠、善意曲解等方式,避免产生争执。

(3) 委婉暗示。在接待的过程中,如果遇来访者所托之事超出能力、业务范围之内或违背国家有关政策规定时,应予以回绝。通常在面对此种情况的时候,可采用委婉暗示的方法,不直接拒绝对方的要求,而是先将自身的能力情况和国家规定一一表明。

3. 接待的注意事项

(1) 接待者应诚心诚意热情接待。

(2) 拜访者到来后,接待者应尽快出来接待,不可让来访者等待太久。

(3) 接待者应考虑双方的主张与立场,务必使彼此的谈话气氛融洽。

二、介绍与交谈

(一) 介绍

现代社会,人际的交往需求越来越广泛,每人每天都在接触和认识新的面孔、结交新的朋友。初次见面最重要的就是介绍,既要介绍自己,也要介绍别人。总而言之,介绍就是说明情况,将自己的情况向他人说明,也将不认识的人之间的情况互相说明。

1. 介绍的种类

(1) 自我介绍。自我介绍是指说明本人的情况,通常在不妨碍他人工作和交际的情况下进行,一般应用于初次见面或应聘面试等场合。自我介绍的主要目的有以下两点。

① 介绍者想了解对方的情况,所谓"将欲取之,必先予之""来而不往非礼也"。

② 介绍者想让别人了解自身情况。一般情况下,自我介绍的形式主要有寒暄式介绍、公务式介绍、社交式介绍和礼仪式介绍。

寒暄式介绍又称应酬式介绍，是在社会场合中面对泛泛之交的礼仪性介绍。这种介绍最为简洁，通常只包括姓名。例如，在一个食品店，当有顾客前来购物时，服务员总是面带微笑地介绍说："您好，我是这里的服务员李博，您也可以叫我小李，有什么我可以为您服务的吗？"

公务式介绍，是指在工作当中或正式场合所做的介绍，一般包括单位、部门、职务、姓名四要素，缺一不可。例如，某广告公司人员与一大型房地产企业总经理接触，希望能够得到广告代理的机会，前去沟通时介绍说："总经理您好，我是××广告公司的销售经理，我叫李博……"

社交式介绍，多用于私人性质的社交活动中，希望与交流对象做进一步的沟通和交流，深入了解对方的情况。通常包括介绍者姓名、单位、籍贯、爱好及与交往对象共同熟悉的人。

礼仪式介绍多用于讲座、报告、演出、庆典、仪式等正规而隆重的场合，介绍内容应包括姓名、单位、职务，还可以加入适当的谦辞。

(2) 介绍他人。介绍他人又称第三方介绍，是一种第三者站在中间人的立场上介绍原本互不相识的两方，使他们互相认识并建立联系的社交活动。

① 介绍人身份。一般性质的社交、宴会、舞会，主人有义务替不认识的人做介绍；公务性质的活动，办公室主任、经理秘书、前台接待、公关人员等专业人士有义务负责介绍工作；凭借对等原则，活动或事件的直接联系者，有必要负责介绍工作。

② 介绍的顺序。在与陌生人交往的过程中，应遵循位低者先行的标准化顺序，即由地位低的人先做介绍。长辈和晚辈在一起时，先介绍晚辈，再介绍长辈。例如，"奶奶，我想让你见见我的朋友莉莉。莉莉，这是我的奶奶"。

男士和女士在一起时，先介绍男士，再介绍女士。例如，"琼斯夫人，介绍一下，我的邻居金先生。金先生，这是我的钢琴教师琼斯夫人"。

地位低的人和地位高的人在一起时，先介绍地位低的，再介绍地位高的。

(3) 集体介绍。集体介绍是指在大型社交活动场合，将某一个单位或集体的情况向其他单位或集体说明。一般分为两种情况：一种情况是双方都是集体、两边都是单位，通常将地位低的一方介绍给地位高的一方，所谓地位低的一方一般指东道主，地位高的一方指客人；另一种情况是集体与个人，又叫单项式介绍，通常仅将个人介绍给集体。例如，某知名学者到学校礼堂演讲，主持人一般仅向公众介绍演讲人的自身情况，忽略听众的介绍。

(4) 业务介绍。业务介绍是指向他人介绍本单位、本部门的产品、技术、服务等，应做到诚实无欺，突出介绍物的特点和优势。

2. 介绍的技巧

介绍的技巧包括以下几个方面。

(1) 借助辅助工具和人员。在某种情况下,介绍是需要辅助工具和人员的。辅助工具主要是指个人名片和产品资料,名片是现代人社交的必备品,就好像介绍信和联谊卡,特别是在做自我介绍时,完整的个人信息包括姓名、所在单位、担任职务、联系方式等都在名片上显示得一清二楚;而翔实的产品资料更会在业务介绍中如虎添翼。

人员是指在社会活动中,互不相识的双方彼此都熟悉的个人,通常存在于为他人介绍和集体介绍之中,这个人的存在可以化解尴尬,帮助介绍双方更好地认识了解。例如,乔·吉拉德号称"世界上最伟大的推销员",比任何人都善于推销自己。所到之处,他会不断地向人们递送名片。在餐馆就餐付账时,他会把一盒名片交给服务员,并给服务员丰厚的小费,让他替自己散发名片;在演讲时,他会把名片大把大把地抛向空中,让名片像雪花一样漫天飞舞。人们正是通过这种方式认识了乔·吉拉德和他推销的汽车。

(2) 语言热情文雅。介绍是为了联络感情、营造彼此间的融洽气氛,建立沟通交流的关系。因此,介绍语言应热情洋溢、幽默风趣,切忌冰冷生硬,更不可有损被介绍人的尊严。

(3) 内容随机应变。介绍时,可根据介绍的对象、环境等实际情况,适当更换介绍的内容,以选择介绍双方共同感兴趣的话题、资料入手,做到因人而异、因事而异、因地而异。

3. 介绍的注意事项

介绍的注意事项有以下几个方面。

(1) 介绍者应把握好介绍的时机。

(2) 安排好合适的介绍人。

(3) 注意介绍的表达方式,即语言的叙述。

(4) 第一次介绍时应使用全称,第二次以后方可使用简称。

(5) 介绍态度应自然、友善、亲切、随和。

(二) 交谈

交谈不仅是口语表达的重要形式,也是现代社会人际交往的重要沟通方式。它以当事人双方或多方相互接触为条件,围绕共同关心的话题而展开,彼此间轮流交替发表意见或看法,是一种以达成共识或愉悦身心为目的的语言活动。交谈以彼此间听说兼顾、平等沟通为特点,以谦虚的态度将思想内容迅速转化为口语。

1. 交谈的技巧

交谈的技巧包括以下几个方面。

(1) 学会聆听。世界上有两种最为伟大的力量,一是微笑,二是聆听。在交流的过程中,只要有人发表意见或看法,就势必需要聆听。

作为一个良好的聆听者,首先要专诚。在谈话过程中,眼睛要注视对方,无论他的地位是高是低,只有虚浮缺乏勇气和傲慢的人才不会去正视别人。其次,要在交谈中适当地发表意见，可以是认同的赞赏，也可以是质疑的询问，这代表了对谈话人的尊重。最后，不可随便纠正对方的错误，打断交谈的进程，引起对方的反感。

智慧故事

学会聆听

一个年轻人向苏格拉底请教演讲术，他为了显示自己扎实的基础，就滔滔不绝地讲了起来。等他停下来征求苏格拉底意见的时候，苏格拉底却要他交双倍的学费。年轻人惊诧地问道："为什么我要交双倍呢？你看，我说得是多么的流利。"苏格拉底说："因为我要教你两门功课，一门是怎样演讲，另一门是怎样聆听。"

(2)锤炼语言。交谈是轮流交替地发表意见和看法，在表达个人思想的同时，还应根据对方的不同身份、兴趣、情况，将语言加以适当的加工锤炼。

(3) 巧妙提问。问话是让对方开口、使交谈得以继续的万能钥匙。在人与人的交往之中，只有适当提问才能达到顺利沟通的目的。如果在交谈中交谈内容生疏、气氛尴尬难以继续，也可以通过巧妙提问的方式使谈话得以延续。对方不但可以介绍一些不了解的新鲜事，还会充分叙述自己的感受而使气氛自然融洽。

(4) 转移话题。当交谈的当事人对谈话的话题没有兴趣或出现涉及敏感话题、产生意见分歧、遭遇冷场的情况下，应及时更换话题。一般情况下，话题的转移有以下几种方法。

① 自然转移。当话题谈兴逐渐减弱的时候，可根据谈话的内容适当地引出另一个话题。

② 就地取材。根据眼前的人、事、物，自然引入谈话内容。

③ 扩展话题。将话题的外延扩大，引入新的谈话内容。

2. 交谈的禁忌话题

交谈的禁忌话题包括以下几个方面。

(1) 交谈中不要涉及令对方不愉快的事情，包括病亡、穷困、身体缺陷等敏感的事情。随着社会的进步和发展，人们对交往中的隐私越来越看重，凡交谈中涉及的一切个人隐私问题均应回避。例如，不能询问女士的年龄、婚姻状况，不能直接询问对方的履历、工资收入、家庭财产、住址、电话等。

(2) 交谈中要杜绝在背后说他人的短长。与人交谈时不说他人的坏话，也不传闲话，这不仅是礼仪的需要，也是交往成功的保证。富兰克林在谈到他成功的秘诀时曾说："我不说任何人的坏话，我只说我所知道的每个人的长处。"背后对人说长论短，这是最令人厌恶的事情。

(3) 交谈中不可论及女士的美丑胖瘦、保养好坏等。但在社交场合,有时可对对方,特别是女士的衣服、发型、气色表示真诚而适度的称赞。

(4) 与不熟悉的人交谈时不问对方衣服的质量、价格,首饰的真假等。如果在社交场合问及对方这些问题,会使人难以回答,甚至陷入难堪境地。

(5) 交谈中不应以荒诞离奇和怪异的内容为话题,更不可嘲弄他人的生理缺陷。

(6) 交谈中不可涉及当事人所在国的政治问题,也不应随便议论他人的宗教信仰,对某些风俗习惯、个人爱好也不要妄加非议。

3. 交谈的注意事项

交谈的注意事项有以下几个方面。

(1) 平等对待,不要有优越感。

(2) 礼貌谦让,不要打断别人说话。

(3) 真挚诚恳,不要以自我为中心。

(4) 文明用语,不要说污言秽语。

三、说服与拒绝

视频
说服的技巧

(一) 说服

说服是人际交往中的一种形式,它通过理由充分的谈话使被说服者心服口服,而改变已有的观点、看法、立场、态度,接受说服者的观点、看法、立场、态度。一般包括说服者和被说服者两部分。

1. 说服的步骤

美国心理学家从满足对方需求的角度出发,将说服的过程分为以下四步。

(1) 揣摩对方的需要和目标。充分了解对方的性格、长处、兴趣等基本情况,为说服工作做好准备工作。

(2) 提出并选择解决的方法。根据说服目标和需求,合理制订方案并提出具体意见。

(3) 建立实施的方案。吸取各方面合理意见和建议,采用最恰当的实施方案。

(4) 反复衡量、确保成功。以各种形式确保方案的实施成功。

2. 说服的技巧

说服的技巧有以下几个方面。

(1) 从性格入手。俗话说:一千个人眼里有一千个哈姆雷特。同样,一句话对一千个人表达可能会产生一千种不同的效果。因此,因人而异、因事而异的语言表达对任何人来说都是必要的,有的放矢而又措辞准确的话最能打动人。

① 激将法。激将法本指用刺激性的话使将领出战的一种方法。后泛指用刺激性的话或反话鼓动人去做某事的一种手段。

智慧故事

诸葛亮智激张飞

马超率兵攻打葭萌关的时候，诸葛亮对刘备说："只有张飞、赵云二位将军，方可对敌马超。"时值赵云在外回不来，诸葛亮对刘备说："马超智勇双全，无人可敌，除非往荆州唤云长来，方能对敌。"

张飞说："军师何出此言，小瞧于我！我曾单独抗拒曹操百万大军，难道还怕马超这个匹夫！"

诸葛亮说："你在当阳拒水断桥，是因为曹操不知道虚实，若知虚实，你怎能安然无事？马超英勇无比，天下的人都知道，他渭桥六战，把曹操杀得割须断袍，差一点丧命，绝非等闲之辈，就是云长来也未必战胜他。"

张飞说："我今天就去，如战胜不了他，甘受军令！"

诸葛亮顺水推舟说："既然你肯立下军令状，便可以为先锋。"

结果张飞与马超在葭萌关下酣战了一昼夜，斗了二百二十多个回合，虽然未分胜负，却打掉了马超的锐气。

诸葛亮针对张飞脾气暴躁的性格，采用了"激将法"来说服他。每当遇到重要的战事，先说他担当不了此任，或说怕他贪杯酒后误事，激他立下军令状，增强他的责任感和紧迫感，激发他的斗志和勇气，扫除轻敌思想。

② 推崇法。推崇法是指通过称颂、赞扬他人的优点及长处，来达到劝说对方的目的。

智慧故事

诸葛亮巧抚关羽

马超归顺刘备后，关羽提出要与马超比武。为了避免二虎相争，诸葛亮给关羽写了一封信：我听说关将军想与马超比武争高下。依我看，马超虽然英勇过人，但只能与翼德并驱争先，怎么能与你"美髯公"相提并论呢？再说将军担当镇守荆州的重任，如果你离开了造成损失，罪过有多大啊！

关羽看了信以后，笑着说："还是孔明知道我的心啊！"他将书信给宾客们传看，打消了入川比武的念头。

(2) 动之以情,晓之以理。动之以情是指接近被劝说者,使其产生愿意听从劝说的感情。人们受到了关心,就产生了感恩的心情,就容易听进去意见和建议。鉴于这种心理的存在,在说服他人的时候应尽量采用商量的语气,巧妙运用语言造成的某种特定的情感环境,取得良好的说服效果。道理的力量是无穷的,晓之以理是指用理智和道理的力量使被劝者改变态度。

智慧故事

惠施智谏襄王

公元前319年,魏惠王病逝,太子襄王即位。不料在出殡之日阴雨密布、朔风怒号,鹅毛大雪从天而降,不多久,积雪盈尺。

天寒地冻,大雪封路,外出尤为困难。要为先王举行盛大的殡葬活动,无疑劳民伤财,空耗人力、物力。因此,当太子宣布定期冒雪出殡后,朝野上下无不愕然,一片反对之声。这时著名的辩士惠施应宰相公孙衍的邀请,前来劝说太子。

惠施见到太子问道:"殡葬先王不能改期吗?"

"是的,不能改期。"

惠施说:"当年周文王的父亲逝世后,文王决定安葬楚山之麓,未料,刚安葬毕,突然天将暴雨,山洪暴发,大水将坟墓淹没,棺木露出地面。文王叹道:'咳!先王一定是想再见一见群臣和百姓,棺木才露出地面的。'于是文王就将棺木抬回放在宫殿,让先王接见朝臣和百姓。三天之后,朝臣和百姓都朝拜完毕,才重新安葬。这是文王对先王的一片孝心,受到世人的称赞。现在先王下葬的时期虽然已经决定,但天降大雪,天寒地冻,想必是先王还想在宫内多停留几天。太子欲行孝道,最好还是延期出殡,让先王如愿。文王是天下著名的孝子。只有这样做,才是效仿文王。否则,会被世人误解为太子不愿效法文王,有违孝道。"

惠施抓住了太子"尽孝"的心理,以周文王做先例,深深打动了太子。太子不由连连点头称是,当即决定葬礼延期,满朝大臣才松了一口气。

(3) 诱之以利。利害关系是人生在世必须处理的重要问题,趋利避害是人们的自然本能。因此,在说服的过程中紧紧抓住关键点,剖析事件发展的各种矛盾,揭示其对本人的影响,定能达到良好的效果。

智慧故事

触龙说赵太后

公元前265年，赵惠文王死，其子赵孝成王继位，年幼，由赵太后摄政。秦国趁乱大举进攻，赵太后向齐国求救，齐国提出条件，一定要以长安君为人质才能出兵。

长安君是孝成王最小的弟弟，也是赵太后最小的儿子，赵太后对长安君的疼爱使她拒绝了齐国的要求。大臣们纷纷劝赵太后以国家为重，赵太后被逼得急了，就说："如果再有人要我把长安君送去当人质，我就将口水吐到他的脸上。"

在这样剑拔弩张的情况下，触龙的谏说显然要困难许多。他深知要说服赵太后，就必须让她明白"父母之爱子，则为之计深远"的道理。然而，若从正面去讲道理，则将不但无济于事，反而会自取其辱。因此，必须顺着太后溺爱长安君的心理因势利导，巧说妙谏。

在争取到面见太后的机会后，触龙先是抱歉说自己年老体衰，但好久没见赵太后，特来问候一下。赵太后与触龙聊了起来，触龙问赵太后饮食如何，然后请求太后为自己的小儿子安排一个职位，顺理成章地把话题引到自己如何疼爱小儿子上。同样疼爱小儿子的赵太后自然对这个话题感兴趣。

等引起赵太后的共鸣之后，又说起赵太后的女儿燕后的事情来，点明父母疼爱自己的孩子，就必须为他的长远利益考虑。触龙自始至终都没有提到让长安君做人质的事，但是他以聊家常的方式，让赵太后明白了个中道理，最后同意长安君去齐国做人质。

（4）登门槛术。当说服对方接受一个较小的要求后，再说服他接受一个更大的要求就有了较大的可能性，心理学家将这种逐步接近目标的说服方法叫作"登门槛术"。

智慧故事

美味"石头汤"

一个风雨交加的日子，有个饥寒交迫的穷人到富人家门口行乞，他对看门的仆人说："你能让我进去暖和一下吗？我在你们的火炉旁烤干衣服就行了！"仆人认为这点要求不算什么，就让他进去了。接着，这个可怜的穷人请求厨娘借给他一口锅，以便让他"煮点石头汤喝"。"石头汤？"厨娘很好奇，"我倒是想看你怎样把石头做成汤。"她答应了。

于是，穷人从口袋里拿出一块在路上捡的石头，洗净后放进了锅里煮，在锅中加入水，然后，他又对厨娘说：“可是，你总得放点盐吧?”厨娘觉得这没什么，就给了他一些盐。

后来，穷人说，汤里要是再添点蔬菜，味道就更好了，于是厨娘就给了他一些蔬菜；最后，穷人又说，要是汤里有点肉末，就是天底下最好的美味了，厨娘想尝尝天底下最美的味道，就给了他一些肉末。

汤终于熬好了，果然是味道不错的“石头汤”。这个饥寒交迫的穷人，仅凭着一颗石头，就喝到了一碗美味可口的肉汤。

3. 说服的注意事项

说服的注意事项有以下几个方面。

(1) 注意抓住说服的有利时机。

(2) 用事实说话。

(3) 活用数据。

(二) 拒绝

视频
用幽默的话拒绝别人

在社交过程当中，我们经常会遇到这种情况：别人有事相求，由于爱莫能助、有口难言，或者是对方的要求不合理、相求之事不可行，从原则上讲是应该直接加以拒绝的，但这个“不”字却往往不容易说出口。

简单来讲，拒绝是指巧妙地回绝别人的要求，这既是一个动作，也是一种态度，可以是不接受他人的建议、意见、批评，也可以是不接受他人的礼物、馈赠、恩惠，等等。拒绝是对他人行为或意见的否定，但有必要将拒绝的伤害降到最低。

1. 拒绝的种类

按照语言方式的不同，拒绝可以分为直接拒绝、婉言拒绝、沉默拒绝和回避拒绝。

(1) 直接拒绝。直接拒绝是指简洁明了地将拒绝的意思和原因指出，适用于特殊场合、紧急情况和关系密切的人员之间。

(2) 婉言拒绝。婉言拒绝是指不采用就事论事、直接拒绝的方法，而是通过顾左右而言他的方式，间接地、巧妙地、委婉地加以拒绝。适用于为某事相求而原则上却又不能够答应的情况。

(3) 沉默拒绝。俗话说“沉默是金”当在面对难以回答或不知所措的问题的时候，可暂时中止交谈，借助沉默的力量来达到拒绝的目的。适用于棘手或具有挑战、侮辱意味的问题。

(4) 回避拒绝。采用避重就轻、避实就虚的技巧，利用答非所问、转移话题、寻找借口等多种方式将谈话的主题转移，能够间接达到拒绝的目的。回避拒绝适用于碍于情面难以拒绝或回答的问题。

2. 拒绝的技巧

拒绝的技巧包括以下几个方面。

(1) 诱导否定法。诱导否定法又称难题反馈法,这种方法不急于拒绝对方的问题,而是通过技巧、语言、行为等方式将不想回答或难以回答的问题转移到对方身上,引导对方陷入自己的圈套之中。

智慧故事

郑板桥巧拒说情

郑板桥当潍县县令时,查处了一个叫李卿的恶霸。李卿的父亲李君是刑部天官,听说后急忙赶回潍县为儿子求情。他说:"郑兄,你我题诗绘画以助雅兴如何?"

"好哇。"

李君拿起笔就在纸上画出一片尖尖竹笋,上面飞着一只乌鸦。郑板桥挥毫画出一丛细长的兰草,中间还有一只蜜蜂。

李君说:"这叫'竹笋似枪,乌鸦真敢尖上立'?"

"李大人,我这叫'兰叶如剑,黄蜂偏向刃中行'!"

李君碰了一个钉子,又写道:燮乃才子。

郑板桥一看,提笔写道:卿本佳人。

李说:"承蒙郑兄关照,既然我子是佳人,那就请郑兄手下留……"

"李大人,你怎么'糊涂'了? 唐代李延寿不是说过吗———'卿本佳人,奈何作贼'呀!"

李天官脸一红,只好拱手作别了。

(2) 先扬后抑法。先扬后抑法是指采用"是的……但是……""是的……然而……"的方式,先给予基本的肯定,再用决定性的错误给予否定,"是的"是手段,"但是""然而"才是目的。这种方法就好比"药丸",外面裹上了糖衣,虽然比较容易入口,但依旧具有疗效。例如,工作中上级交代了新任务,但实际上一个人却无法单独完成,这时候,可以委婉地说道:"是的,具体的情况我都了解了,但是我一个人完成这件工作的时间可能会比您希望的稍长,因此……"先接受工作安排,再提出上级无法满足的协助要求。

(3) 强调客观法。强调客观法强调主观上愿意帮忙的意图,但由于客观实际的障碍和困难而爱莫能助,向对方表达拒绝的意图。例如,某公司因产品质量高、价格低而生意兴隆,在工作量已经饱和而新订单仍然不断的情况下,公司经理说道:"如果可能,我也很愿意接下这个工作,但目前已呈饱满状态,实在无法承接。因为我们不想造成工作品质变低,或出现逾期不能完成任务的情形。”

（4）诙谐幽默法。当遇到难以启齿却又不得不说的情况的时候，当不能或不想答应的时候，就需要寻求最佳的表达方式，来摆脱窘迫和请求，否则不但达不到目的，还会使关系破裂，产生憎恨。此时，可以借助诙谐幽默、开玩笑的方式达到巧妙拒绝的目的。例如，启功先生是我国著名的书法家，向他求字、求教的人很多，以至启功先生的住所敲门声终日不断，先生自嘲说：“我真成了动物园里供人参观的大熊猫了！”一次先生患了重感冒起不了床，又怕有人敲门，就在一张白纸上写了四句话：“熊猫病了，谢绝参观；如敲门窗，罚款一元。”

3. 拒绝的注意事项

拒绝的注意事项有以下方面。

（1）语言应真诚友好，尽力维护对方的自尊。

（2）选择好适当的方式和时机。

（3）拒绝应对事不对人。

四、赞美与批评

视频
赞美的口才技巧

（一）赞美

赞美是指在交往过程当中，一方给予另一方的称赞和表扬，侧重于对某一方面价值的肯定和褒奖，表达对人或事物优点的喜爱。赞美是人际交往中的润滑剂，它能够使人融洽地进入彼此沟通的氛围之中，达到事半功倍的效果。赞美虽然不一定能够雪中送炭，但绝对能够在锦上添花的同时给自己带来良好的人际关系。

1. 赞美的境界

王国维在《人间词话》中将治学分为三种境界，同样赞美也可以分为以下三种境界。

（1）令人肉麻、别扭的赞美。表达的是虚伪、不符合实际的内容，往往是为了某种物质上的利益而进行的阿谀奉承。

（2）能够接受，却又察觉得出的赞美。将人或事物的优点准确地反映了出来，虽有一定夸张和修饰的成分，却在可接受的范围之内。

（3）“随风潜入夜，润物细无声”的赞美。赞美的最高境界是将质朴精确的话语深入人心或事物的本质当中，使人听起来妥帖而又不过分。

2. 赞美的种类

赞美的种类有以下几个方面。

（1）按赞美的场合，赞美可以分为当众赞美和个别赞美。

（2）按赞美的方式，赞美可以分为直接赞美和间接赞美。

（3）按赞美的用语，赞美可以分为直言赞美和反语赞美。

3. 赞美的原则

赞美的原则包括以下几个方面。

(1) 真挚诚恳。有效地赞美他人,会成为我们在事业的道路上成功的有力保证。但是赞美与阿谀奉承不同,赞美是在真挚诚恳基础上感情的自然流露,其目的是使人快乐,而阿谀奉承则是为了一己私利,有明显的巴结溜须之嫌。所以赞美时的态度要真诚,夸奖要言之有物,切忌陈词滥调、华而不实和虚伪轻浮。例如,有一天晚上,韩国某大公司的一名清洁工目睹公司的保险箱被窃时,本来可以选择明哲保身、不闻不问,或者干脆躲避,但他竟冒着生命危险,奋不顾身地与窃贼进行殊死的搏斗,终于保住了公司的财产。事后,有人提出要给他嘉奖,为他请功,他都拒绝了。当有人询问起他这样做的动机时,这名清洁工的回答却大大出乎人们的意料。他说:“当公司的总经理从我身旁经过时,总会不时地赞美我:‘你扫的地真干净!’”

(2) 细致入微。大多数情况下,赞美不仅存在于宏大当中,更显示在细微之处,只要留心观察,生活中处处都有值得赞美的地方,适时地说出来,就会产生意想不到的效果。例如,去朋友家做客的时候,看见墙上挂着一幅山水画,便情不自禁地说道:“这幅画真不错,挂在这平添了几分神韵和雅致,谁买的,眼力可真好!”借室内的布置、装饰、盆景等造型达到赞美的效果。

(3) 对比赞美。通过对比、比较的方法来达到赞美的目的,常借他人之短来对比赞美对象之长。赞美对象的“长”是清晰而具体的,而比较对象的“短”则是笼统而模糊的。例如,服饰店里,一位顾客正在试穿一件红色的连衣裙。服务员赞美道:“小姐,你的气质和身材真好,刚才有好几位顾客都想购买这件衣服,可她们不是太胖了,就是太矮了,都没有你穿起来好看。”

(4) 背后赞美。背后赞美是指辗转相传,从第三者或他方转述而来的赞美。有时候,当面直接的赞美虽然动听却有恭维的成分存在,只有间接获得的赞美才会感受到真诚,从而在荣誉上得到满足。例如,《红楼梦》中有这样一段描写,史湘云、薛宝钗劝说贾宝玉做官为宦,贾宝玉大为反感地说道:“林姑娘从来没有说过这些混账话! 要是她说这些混账话,我早就和她生分了。”凑巧此时林黛玉就在窗外,听见了宝玉的话,“不觉又惊又喜,又悲又叹。”结果两人感情大增。林黛玉生性好猜疑,如果贾宝玉当面说这些话她可能会认为是讨好她,但背后的赞美正显示了贾宝玉的真心。

4. 赞美的注意事项

赞美的注意事项包括以下几个方面。

(1) 赞美应出自良好的动机。

(2) 赞美不可过于频繁。

(3) 赞美应讲究场合,合乎时宜。

(4) 把握好赞美的尺度和分寸。

视频
批评的口才技巧

(二) 批评

批评不是埋怨,它是以帮助对方进步为目的,建立在对方利益上的一种善意提醒，是一种专门对缺点和错误给予意见的语言性行为。

1. 批评的种类

一般情况下，按照批评的语言方式可以分为直接式批评、暗示型批评、幽默式批评和建议性批评。

(1) 直接式批评。直接式批评是指开门见山、一针见血，针对错误行为和做法，直接点明、当面指出并及时处理。这种方式适用于性格开朗、思想基础较好、有一定承受能力的人。例如，张瑞敏初到海尔电冰箱厂的时候，为了教育职工重视产品质量，在进行质量检查时，当着全厂职工的面，亲自将不合格的电冰箱用锤子砸烂。这种直接式批评所产生的效果是强烈的，而且给职工留下了深刻的印象。

(2) 暗示型批评。暗示型批评是指不直接提出批评的意见和话语，而是借用含蓄、委婉、暗喻等方式，将批评的意见隐含在谈话之中，引起被批评人的思索，并经常使用“大多数”“很多”“也有”等概数语言。暗示型批评使批评具有了适度的弹性，既指出了问题，又照顾到了被批评人的面子。这种方式适用于那些头脑聪明、反应敏捷、接受能力强，而自尊心又较强的人。

(3) 幽默式批评。幽默式批评是指在批评的过程中，使用含有哲理的故事、双关语、形象的比喻等方式，缓解被批评人的紧张情绪，启发受批评者思考，增进相互间的感情交流，使批评有一个轻松愉快的气氛。幽默式批评主要在于启发、调动被批评对象积极思考，以幽默的方式点到批评对象的要害之处，含而不露，令人回味。例如，某课堂纪律有些混乱，有的学生在说笑，有的学生在睡觉，有的学生眼观窗外。突然老师停下讲课，语重心长地对大家说：“如果坐在中间谈笑的那几位同学能像那位观看窗外景色的同学那样安静的话，也就会让前面睡觉的那两位女同学睡得更香甜了。”此言一出，引起哄堂大笑，那几位被点到的同学笑容里则带有羞愧之色。

(4) 建议性批评。建议性批评是指从被批评人的角度出发，以商量、讨论问题的方式，将批评的信息传递出来，通过对某一个问题的共同探讨，达到教育的目的。适用于存有一定戒心、情绪对立、性格急躁、否定心理强、行为常被情绪所左右又易被言语所激怒的人。例如，某一天，公司客服部李经理用命令的口吻，让一名员工将接待室的门窗擦一下。这名员工想，我又不是你们部门的，凭什么管我，就没有去做。李经理见叫不动他，觉得很没有面子，就吵了起来，从此两人结下了怨恨。总经理知道缘由后，语重心长地对李经理说：“你的能力大家有目共睹，作为经理，与普通员工计较，只会降低自己的威信。你看，是不是能够有更好的办法将问题解决？”

2. 批评的技巧

批评的技巧包括以下几个方面。

(1) 批评的语言应委婉、含蓄。批评是一种语言的艺术，其出发点是使被批评者能够明白道理，从而虚心接受建议，改正已有的观点和做法。这就需要在语言的处理和应用上做到委婉、含蓄，不伤害被批评人的自尊心和荣誉感。例如，唐代名相魏征向来以善于进谏而著称。有一次，有人送给唐太宗一只鸽子，唐太宗很高兴，就托在手臂上逗着玩。唐太宗见魏征进来，怕他看见，赶紧揣到怀里。其实魏征已经看到，只是故意不言明，奏事时便故意慢条斯理，拖延时间。魏征走后，鸽子闷死在唐太宗的怀里。魏征用含蓄的方式批评了唐太宗"玩物丧志"的行为。

(2) 批评应与赞扬相互结合。手术前，医生都会给病人打麻药，以减轻病人的痛苦。同样，批评也是一件痛苦的事情，而赞扬就是麻药，有助于建立一个良好和谐的谈话环境，有时候适当的赞美会化解批评中的尴尬。例如，1923 年，卡尔文·柯立芝荣任美国总统，他素来以少言寡语而出名，常被人们称作"沉默的卡尔"。柯立芝有一位年轻漂亮的女秘书，人虽长得不错，但工作中却常因粗心而出错。有一天早晨，柯立芝看见秘书走进办公室，便对她说："今天你穿的这身衣服真漂亮，正适合你这样年轻漂亮的小姐。"这句话出自柯立芝口中，简直让秘书受宠若惊。他接着说："但也不要骄傲，我相信你的公文处理也能和你一样漂亮。"果然从那天起，女秘书在公文上就很少出错了。

(3) 批评应点到为止，切忌没完没了。当错误和问题已经产生，被批评者认识到自身责任和问题的时候，批评的话语就应适可而止，否则，不仅不能产生教育和规劝的目的，反而会增加他人的反感。

(4) 批评方法应因人而异。每个人的经历、文化程度、性格特点、年龄结构等各不相同，接受批评的承受能力和方式也有很大区别。因此，根据批评对象的不同应采取不同的批评方式。例如，对孩子的批评应小心谨慎，不可用讽刺性和讥笑性的语言；对朋友的批评应多用规劝、探讨、建设性的话语。

3. 批评的禁忌

批评的禁忌包括以下几个方面。

(1) 批评忌不讲环境。每个人都有较强的自尊心，批评时要考虑环境条件、时间、场合，设身处地为受批评的人着想，尽量不在众人面前点名批评。

(2) 批评忌借题发挥。批评他人时，最好就事论事，切忌把"战圈"扩大化，将简单问题复杂化。

(3) 批评忌小题大做。在批评的时候必须实事求是，有一说一，有二说二，不要任意夸大。

(4) 批评忌揭人伤疤。犯了错挨了批评，本身就受到了惩罚，心里肯定很不好受。在批评时，应巧妙避开"敏感区"，千万别去触摸他人的旧伤疤。

4. 批评的注意事项

批评的注意事项包括以下几个方面。

(1) 批评应就事论事。

(2) 批评应选取合适的气氛和语言。

(3) 切忌使用讽刺和挖苦性的语言。

五、求助与道歉

(一) 求助

求助又称请求，是指向他人寻求帮助，在遇到困难和问题的时候，向他人表达希望得到帮助的愿望。

1. 求助的种类

一般情况下，按照语言方式的不同，求助可以分为直接求助和间接求助。

(1) 直接求助。直接求助是指将自己的请求直接告诉被求者，希望得到对方的帮助和指导。

(2) 间接求助。间接求助是指通过比较间接的表达方式表述自己的需求，比直接的方式更加礼貌，也容易得到对方的帮助和认可。

2. 求助的技巧

求助的技巧包括以下几个方面。

(1) 借机请求。借助插入语、附加问句、程度副词、状语从句及有关句型等来减轻话语的压力，避免唐突，充分维护对方的面子。只要使用得当，就会大大缓和说话的语气。

(2) 激将请求。在请求别人帮助时，在话语中表示如果被求者不具备有关条件或意愿，就不会强人所难，以贬低被求者的能力来达到激发热情的目的。

(3) 缩小请求。在提出请求时，适当地将问题说小，不仅会减轻别人的心理压力，也会使自己便于启齿，达到满足自己的愿望和要求的目的。

(4) 谦恭请求。通过抬高对方、贬低自己的方法把有关请求表达出来。请求别人帮助，最传统的方法就是尽量表示虔敬，使被求者感受到尊重，乐于从命。

(5) 自责请求。在请求的过程中，请求人知道某些场合、某些话语是不应说或不礼貌的，但又不得不麻烦被求者。首先，讲明自己知道不该提出某个请求；然后，说明为实情所迫不得不提出来，令人感到无奈。

(6) 体谅请求。首先，说明自己了解并体谅对方的心情，再把自己的要求或想法表达出来。求人就是充分谅解别人，不仅要在行动上体现，更要在言语中表示出来。

(7) 述因请求。在提出请求时把具体的原因、理由讲出来，使被求者感到合乎情理，很有道理，令人欣然接受。

3. 求助的注意事项

求助的注意事项包括以下几个方面。

(1) 求助时，态度应真诚，注意语气和措辞。

(2) 求助时，不应说沮丧、担心和怀疑的话。

(3) 求助时，不应说贬低自己、模棱两可的话。

(二) 道歉

在社会交往的过程中，任何人都难免会说错话、做错事，甚至会给当事人带来巨大的精神痛苦和经济损失。遇到这种情况，若能及时认识自身的错误，以真挚诚恳的态度表示歉意，并主动承担责任，一般情况下能得到当事人的谅解。道歉是人际交往的一种活动，是以做错事情后寻求当事人谅解为目的的。

1. 道歉的种类

一般情况下，道歉可以分为直接道歉、委婉道歉、他人道歉和借物道歉。

(1) 直接道歉。当错误发生后，应及时地向对方表达自己的歉意和抱歉。一般可以说"对不起""十分抱歉""请原谅"等。

(2) 委婉道歉。借助语言和行为的表达方式技巧，在不直接说出道歉话语的同时，委婉地表达自己的愧疚和歉意。

(3) 他人道歉。不由当事人直接出面，而是通过第三者或他人的语言和行为，向对方表示愧疚和歉意。这种方式适用于重大的错误或尴尬的气氛之中，当事人不便直接出面。

(4) 借物道歉。道歉可以借助"物语"。有些话可能当面难以启齿，但转换成一束鲜花、一份礼物或一张字条，都能够起到婉"言"示错的作用。

2. 道歉的技巧

道歉的技巧包括以下几个方面。

(1) 主动认错，缓解冲突。当错误已经酿成的时候，当事人应坦率地承认错误，并真诚地表示歉意，使对方的怒气逐渐平息下来，然后仔细分析自身所犯错误的原因。

智慧故事

廉颇负荆谢罪

战国时，蔺相如凭借着自己的机智和勇敢被赵国拜为"上卿"，位在廉颇之上。廉颇不服气，扬言说："我要是见了他，一定要羞辱他一番。"蔺相如知道后，就有意不与廉颇会面。别人以为蔺相如害怕廉颇，廉颇为此很得意。可是蔺相如却说："我哪里会怕廉将军？不过，现在秦国倒是有点怕我们赵国，这主要是因为有廉将军和我两个人在。如果我跟他互相攻击，那只能对秦国有益。我之所以避开廉将军，是以国事为重，把私人的恩怨丢一边儿了！"这话传到了廉颇耳朵里，廉颇十分感动，便主动光着上身，背负荆杖，来到蔺相如家请罪。

（2）夸大过失，以求谅解。当把自己的过错夸大的时候，也就意味着有一颗勇于承担责任的心，同时也表达了希望得到理解的愿望。越是夸大自己的过失和错误，对方越是不得不原谅。

3. 道歉的注意事项

道歉的注意事项包括以下几个方面。

（1）道歉语应当文明而规范。有愧于他人时应说“深感歉疚”“非常惭愧”；渴望别人见谅时应说“多多包涵”“请您原谅”；有劳别人时应说“打扰了”“麻烦了”；一般场合应说“对不起”“很抱歉”“失礼了”。

（2）道歉应当注意时机。在知道自己错了的情况下，应及时主动地在恰当时机承认，以求得对方的谅解和原谅。

（3）道歉应当大方得体。道歉并不是耻辱，所以应当大大方方、堂堂正正，不要遮遮掩掩，不要过分贬低自己。

（4）不要为息事宁人而道歉。要分辨出深表遗憾和道歉的区别，不要让道歉流于形式。

六、自我推销

自我推销，又称自我推荐、自我介绍，主要应用在求职面试、竞争上岗等场合，也就是主动让其他人知道你有哪些优点、能做什么，并且正在做什么。自我推销是通过自身的努力使自己被别人肯定、尊重、信任、接受的过程。

（一）自我推销的种类

一般来说，可以将自我推销笼统分为由人推荐和毛遂自荐两种。

（1）由人推荐。若采用由人推荐的方法，则需选取对所求之事有良好优势的人作为推荐人，借人之长补己之短。推荐人也应具体地了解被荐人的优点、特长等，恰到好处地进行推荐。

（2）毛遂自荐。由自荐人自己将个人情况、详细资料向当事人进行介绍和推荐。

（二）自我推销的技巧

自我推销的技巧有以下几个方面。

（1）直接陈述。针对当事人的需求动机，直接开门见山地向其介绍自己的情况，陈述自己的特点、能力、爱好，表明决心和真诚。

（2）迂回推销。在某些情况下，我们要向对方介绍自己，对方不一定会接受你；而要做一些事来让对方欣赏，却又苦于找不到适当的机会。这时就需要我们采取迂回的技巧，让对方在不知不觉中认识你、接纳你。

(3) 真诚示人。自我推销者应以真挚诚恳的态度来面对当事人,即使语言笨拙、技巧粗浅,但是一颗善良的心和高尚的人格魅力仍然能打动当事人的心灵。

(4) 巧排词序。在自我推销、自我介绍的过程中,同样的词语和句子,往往因为排列、介绍的顺序不同,给人造成的印象就会不同。例如,如果第一次介绍一个人的时候,说他是智慧、勤勉、有决断力、固执、易冲动、有嫉妒心的人。第二次介绍一个人的时候,说他是有嫉妒心、易冲动、固执、有决断力、勤勉、有智慧的人。显然,这两次介绍仅仅是词语的排列顺序不同,但大多数人会对第一次介绍的人印象较好,这就是心理学上的"先入为主"。

(5) 事例证明。以生动具体、易于理解的事例和故事来证明所阐述的事情,说明问题,避免脱离实际,空洞、夸大的弊端。

(6) 灵活应变。头脑灵活的人最招人喜欢,往往也容易得到用人公司的青睐。这是因为头脑的敏捷意味着思路清晰、处理解决事情能力强、抗压能力强。

拓展阅读

1 万英镑的房子

在英国,有位孤独的老人,他既无儿无女,又体弱多病,他决定搬到养老院去。老人宣布出售他漂亮的住宅。购买者闻讯,蜂拥而至。住宅底价 8 万英镑,但人们很快就将它炒到 10 万英镑了,且价格还在不断攀升。

这时,一个衣着朴素的青年来到老人眼前,弯下腰,低声说:"先生,我也想买这栋住宅,可我只有 1 万英镑。"青年并没有表现出很沮丧的样子,继续诚恳地说道:"如果您把住房卖给我,我保证会让您依旧生活在这里,和我一起喝茶、读报、散步,让您天天都快快乐乐的——相信我,我会用整颗心来关爱您!"

老人颔首微笑,挥手示意人们安静下来,"朋友们,这栋住宅的新主人已经产生了。"老人拍着青年的肩膀,"就是这个小伙子!"

这位青年利用自己灵活多变的头脑,成功地将自己"推销"了出去。

资料来源:https://www.jianshu.com/p/d3a34020f9be(有改动)

3. 自我推销的注意事项

自我推销的注意事项有以下几个方面。

(1) 应举止端庄、仪表大方。

(2) 说话得体、语言恰当。

(3) 应显示出自信、果断的态度。

第三节　社交口才训练

学习社交口才，目的是使自己能够更好地参与社交活动，积极有效地与人交往。在社交口才中，掌握倾听交谈、访友待客、劝说沟通等技巧尤为重要。

一、倾听技巧训练

（一）训练说明

美国明尼苏达大学尼科尔斯教授和史蒂文斯教授认为，一般人每天有70%的时间用于某种形式的商务沟通。认真倾听、用心分辨，既能获得许多重要的信息，也能有效提高社交口才。

倾听就是集中精力，认真听取交往对象的言语。在社交过程中，听对方说话，与向对方说话同等重要。“只有包含了双方话语在内的对话，才是真正的对话。”现代社会已经进入信息化时代，人们获取信息的渠道和方法多种多样，但最基本、最常用的依然是倾听。

听，不仅有表层的参与，也有理解对方隐含的或没有说出来的内容。老话说得好，“听话听音”，就是说听一个人说话要看他除了话语本身之外的其他表象，如表情、肢体动作、语气及所引用话语的出处等。

（二）实战训练

实战训练包括以下几个方面。

(1) 听记歌词锻炼（听一首歌，比比谁记住的字最多，字写得最准确）。

(2) 听记复述训练（一位同学介绍某产品的市场信息资料，其他同学听后复述，资料中的数字要准确）。

(3) 三人一组。分别是讲者、听者和观察者。讲者选择一个题目，如“我如何使用空余时间”“假如我是老师”等，发表个人意见（2分钟左右为宜）。听者不可发问、回应、写笔记，但之后必须简要复述讲者说过的话。观察者在旁安静聆听，若发觉听者复述错漏，可更正或补充。三人轮流调换角色。结束后进行小组讨论。

① 你能集中精神聆听别人说话吗？为什么？

② 一面要组织思想，一面又要聆听，你感觉困难吗？听后会不会随即忘记？

③ 除了聆听对方说话，你有没有留意他的神情、语调、动作？那些神态表达了什么？

二、访友待客训练

（一）训练说明

访友待客是为了联络感情、开阔视野、拓宽社交范围。交谈时，除了要有热情谦逊的姿态外，还要坚持以“对方为中心”的原则，以听为主，答语简明而有分寸。谈自己的见解可以以对方的某些话为起点，先顺承，然后转向自己的认识，争取认同，使交谈更加和谐、愉悦。

（二）实战训练

1. 谈话训练

三人一组，其中两个同学，先就热门话题，运用如下技巧进行交谈，另一位同学进行点评。

（1）对方兴趣不浓——情绪感染。

（2）对方表述不全——补充完整。

（3）对方谈锋甚健——鼓励赞扬。

（4）对方表述抽象——以例补证。

（5）对方意犹未尽——设疑探究。

（6）对方有意回避——暂时搁置。

2. 情境模仿训练

（1）三人一组，其中两个同学以离校多年的毕业生身份分别去拜访一位久未联系的辅导员，另一位同学扮演班级辅导员，并对两位拜访者的表现进行点评。

进门前调节情绪。进门后热情问候、寒暄，语气有较浓的感情色彩。不要急于坐下，维持热情，继续说关切的话。主动开口，让对方了解拜访目的。注意聆听，不插话，保持对对方话题的相应热情和理解，适时赞美对方，有分寸地对答、彬彬有礼地告别。

（2）指定四位学生为拜访对象，分别接待同学、朋友、同事、上级、亲戚等不同身份的来访者，并进行交流。训练时应注意以下问题。

见面时，轻松、愉快地问候和寒暄。询问时，注意问近少问远、问小少问大、问熟少问生、问喜少问忧。话别时，要热情，依依惜别。

三、劝说沟通训练

（一）训练说明

劝说是一种由心理置换到心理相容的说服过程，需要晓之以理、动之以情、导之以行。

在社交过程中，劝说别人做某种事情或使别人对某种事情表示同意，需要一定的语言表达技巧。劝说时，先谈共同性话题，形成亲切感；然后转接，从侧面谈与主题有关的话题，就近迁移到正题。要多谈对方的长处、优势，调动其潜在的积极性。

沟通是一种体察对方特定处境，迅速选择恰当表达方式以争取配合或认同的口语交谈形式。现代社会是一个沟通的时代。世界离开沟通，缺少发展空间；国家离开沟通，落后挨打；个人离开沟通，丧失机遇。因此，有效沟通既是快乐生活的源泉，也是取得成功的关键。

（二）实战训练

1. 劝说技巧训练

（1）运用劝说技巧，劝说你的一位朋友改掉一些不良嗜好。

（2）劝说一位近来精神不振的同学鼓起勇气，迎接新生活的挑战。交谈时，把自己摆进去，在同情、理解对方的基础上，委婉地说出自己的想法。

（3）假设你是学院某社团的负责人，如果由于同学对该社团不了解，加入社团的积极性不高，你打算怎样说服他们参加自己的社团？

2. 沟通技巧训练

沟通技巧训练的内容有以下方面。

（1）家庭沟通训练。自古以来，我们既重视家庭建设，也注重维护亲友之间的良好关系。运用正确的亲友沟通技巧，既能处理好亲友关系，更能享受血浓于水的幸福。

① 阅读下文，说说在这种情况下，应该怎样与父母沟通？

春节放假在家，父母对你百般呵护。作为家里的一员，你很想替他们分担些家务，却常被拒绝。为此，你十分苦恼。你既不想让父母伤心，又想让他们明白你的想法。

② 大学毕业生就业形势严峻，请模仿家长，虚拟交谈对象，进行独白式沟通，劝说因找不到工作或工作不顺心而心灰意冷的"宅人"。

（2）亲友沟通训练。

阅读下文，说说你该怎么与他们沟通，让他们改变这一想法？

假如你是一个政府官员，你的叔叔请你到他家吃饭，饭桌上叔叔提出，希望你为他介绍一位政府官员，通过这个政府官员去做一笔生意，到时候给予你和政府官员一定的报酬。

小张的父亲因病住院，需要2万元住院费，他手头的钱一时不够，就向开餐馆的表哥借钱，结果不欢而散。如果你是小张，准备怎样与表哥沟通、求助？

（3）同学沟通训练。同学是学生人际交往的主要对象，同学关系是学生人际关系的主要内容。同学之间的交往如果顺利，大家心情舒畅、身心健康；否则，心情郁闷、身心受损。

① 在选修课上，选择一位不太熟悉而又沉默寡言的同学进行交谈。

② 阅读下文，说说如果你是寝室长，该如何与他们沟通？

况飞同学性格开朗，不拘小节，早上起床后经常拿别人的杯子刷牙。丰晓同学的父母都是医生，从小就十分讲究卫生，对况飞的行为非常看不惯，心里充满了怨气，好几次因为杯子的问题与况飞发生争吵，导致寝室同学关系非常紧张，充满不和谐的音符。

思考与练习

1. 你去参加社团聚会，席间你欲与对面的同学相识，你应该怎么办？

2. 你到某一公司上班已经一个月了。今天公司开大会，经理说："近期公司新来六位员工，请他们自我介绍一下。"前五位介绍非常精彩，轮到你了，你会如何介绍自己？

3. 你与一同学约好了时间去办事，结果失约，你该怎么办？

4. 有一位同学，你很不喜欢他，他却邀请你吃饭，你怎样拒绝他？

第九章 营销口才

学习目标

(1) 了解营销口才的含义、作用和基本原则。

(2) 掌握主动接近顾客、了解顾客需求、说服顾客的口语艺术。

情境导入

乔·吉拉德的销售秘诀

一个成功的汽车销售商,肯定有一颗尊重普通人的爱心。乔·吉拉德的爱心体现在他的每一个细小的行为中。

有一天,一位中年妇女从对面的福特汽车销售商行,走进了乔·吉拉德的汽车展销室。她说自己很想买一辆白色的福特车,就像她表姐开的那辆,但是福特车行的经销商让她过一个小时之后再去,所以先过这儿来瞧一瞧。

“夫人,欢迎您来看我的车。”乔·吉拉德微笑着说。

妇女兴奋地告诉他:“今天是我55岁的生日,想买一辆白色的福特车送给自己作为生日的礼物。”

“夫人,祝您生日快乐!”乔·吉拉德热情地祝贺道。随后,他轻声地向身边的助手交代了几句。

乔·吉拉德领着夫人从一辆辆新车面前慢慢走过,边看边介绍。在来到一辆雪佛兰车前时,他说:“夫人,您对白色情有独钟,瞧这辆双门式轿车,也是白色的。”

就在这时,助手走了进来,把一束玫瑰花交给了乔·吉拉德。乔·吉拉德把这束漂亮的花送给夫人,再次对她的生日表示祝贺。

那位夫人感动得热泪盈眶,非常激动地说:“先生,太感谢您了,已经很久没有人给我送过礼物。刚才那位福特车的推销商看到我开着一辆旧车,一定以为我买不起新车,所以在我提出要看一看车时,他就推辞说需要出去收一笔钱,我只好上您这儿来等他。现在想一想,也不一定非要买福特车不可。”

后来，她就在乔·吉拉德那儿买了一辆白色的雪佛兰轿车。正是这种许许多多细小行为，为乔·吉拉德创造了空前的效益，使他的营销取得了辉煌的成功。

资料来源：http://www.sohu.com/a/190752872_670433(有改动)

第一节 营销口才基础知识

营销口才是推销员成功地说服顾客购买商品的一种语言艺术。“没有营销，就没有企业。”可见营销对于企业是多么重要。对于市场营销人员来说，做成生意最需要的是好口才，营销奇迹的80%是由口才创造的。

一、营销口才的含义

在市场经济条件下，市场是一切经济活动的集中体现。从生产企业到消费者个人，无不与市场有着千丝万缕的联系。市场是所有企业从事生产经营活动的出发点和归宿，是不同国家、地区、行业的生产者相互联系和竞争的载体。

现代著名营销学家、美国西北大学教授菲利普·科特勒指出，“市场营销是与市场有关的人类活动，市场营销意味着和市场打交道，为了满足人类需要和欲望，去实现潜在交换”，“市场营销是一种社会过程：个人和团体通过创造以及与别人交换产品和价值来满足其需要和欲望”。科特勒的这个定义把市场营销定义为企业的活动，其目的在于满足目标顾客的需要，以此实现本企业的目标。

人员推销虽是一种古老、简单的营销方法，但仍是现代营销中特别有效的方法。人员推销具有其他营销方式无可比拟的优势和特点，它是通过人与人之间的接触，并运用语言沟通艺术以产生特别效应。营销口才就是营销人员在宣传推介和销售产品时所表达的语言技巧。

口才是营销员梦想成功的基石。随着当今市场经济的高速发展，竞争愈加激烈，营销人员如何把自己的优质产品恰到好处地传播给消费者是一个重要课题。一位优秀的营销员就像一位无所不能的魔术师，他用绝妙的语言技巧把顾客吸引住，用精彩的示范表演赢得顾客的信任，用热情的销售态度去打动顾客。因此，精明的企业家，总是在人事决策上把营销人才放在第一线。拥有口才，不愁商品卖不出去；拥有口才，不怕市场拓展不开。

二、营销口才的作用

营销过程是营销人员运用各种方式、方法和技巧去说服顾客购买商品的过程。营销大师安东尼·罗宾曾说:"销售没有成功,不是顾客有问题,而是我们的说服力有问题。"然而,许多刚刚从事营销工作的人员,由于没有工作经验,对于怎样与顾客打交道,如何与顾客拉近距离,怎样说服顾客购买自己推销的商品等问题,心中一片茫然。其实,经验是在实践中积累起来的,没有人天生就是营销专家。营销口才的作用主要体现在以下三个方面。

(1) 建立联系纽带。营销帮助顾客认识商品和解决有关问题,在顾客心目中建立起企业和商品的良好信誉,使顾客最终成为企业的买主。

(2) 弥补广告不足。营销口才针对性强,工作弹性大,可以直接对顾客进行预测分析,确定重点对象,进行面对面的推销,签订销售合同。

(3) 提高营销业绩。营销可以使推销员在本职工作范围内独立地、创造性地工作,稳妥有效地实现企业的销售目标。

三、营销语言的基本原则

视顾客为朋友、熟人,想方设法让服务用语做到贴心、自然、令人愉悦,这是营销语言的基本出发点。出色的营销人员,是一个懂得如何把语言的艺术融入商品营销中的人。一个营销人员有了语言魅力,就等于向成功迈出了第一步。

(一) 以顾客为中心

关注顾客的内心,设身处地为对方着想。主动说明顾客购买某种东西所带来的好处,对这些好处做详细、生动、准确的描述,这是引导顾客购买商品的关键。"如果是我,为什么要买这个东西呢?"这样换位思考,就能深入顾客所期望的目标,也就能抓住所要说明的要点。最好用顾客的语言和思维顺序来介绍产品,安排说话顺序,不要一股脑儿说下去,要注意顾客的表情,灵活调整营销语言,并力求通俗易懂。

(二) 认真倾听

"三分说,七分听",这是人际交谈的基本原理——倾听原则在推销语言中的运用。在推销商品时,不能只顾自己介绍商品,还要"观其色,听其言"。除了观察对方的表情和态度外,还要虚心倾听对方议论,洞察对方的真正意图和打算。要找出双方的共同点,表示理解对方的观点,并要扮演比较恰当、适中的角色,向顾客推销商品。

(三) 记住禁忌

在保持积极的态度时,沟通用语要尽量选择体现正面意思的词,选择积极的用词与方式。要保持商量的口吻,不要用命令或乞求语气,尽量避免使人丧气的说法。例如(以下例子中，箭头前为大众说法，箭头后为积极说法）：

“不好意思，让您久等了。”→“谢谢您的耐心等待。”

“问题是那种产品都卖完了。”→“由于需求很多，送货暂时没有接上。”

“您住在哪里？我得给您送货。”→“请问，我可以知道您住哪里吗？我这就给您送货到家。”

“如果你需要我们的帮助，你必须……”→“我愿意帮助您，但首先我需要……”

“你没有弄明白，这次听好了。”→“也许我说得不够清楚，请允许我再解释一下。”

（四）低、褒、微、感

低是指态度谦恭，谦逊平易；褒是指褒扬赞美；微是指微笑，营销人员要常常面带微笑，给顾客带来购物的好心情；感是指感谢，由衷地感谢顾客的惠顾。例如，“谢谢您，正好是××元”“谢谢您，这是我们公司的发票，请收好”“谢谢您，欢迎您下次光临”等。

第二节　提升营销口才的技巧

在营销过程中，营销人员需要灵活运用营销语言技巧，向顾客介绍产品或服务等方面的情况，以便成功地促使顾客决定购买或消费。而当销售过程中顾客有异议时，恰当的语言表达技巧又是转移或搁置矛盾、缩小或化解分歧的主要手段。同时，在阐述意见和要求时，合理的语言表达方式，既可以清楚地说明自己的观点，又不至于引起对方的不良反应。想顾客之所想，帮助顾客得到更多更好的服务，经营者就会发现，顾客不仅仅是满意，而是“铁定”消费营销人员的商品了。

一、设计营销陈述

图文
24种绝对成交的销售话术和技巧

营销陈述，就是在营销过程中，营销人员向顾客进行的产品或服务方面的清晰而简明的介绍。顾客通过营销陈述能清晰地了解自己的需求，为下一步的营销陈述做铺垫。营销陈述能够创造消费、享受的氛围，让顾客有满足的感觉。此外，营销陈述也可以化解顾客异议，进入购买程序，实现商品销售。具体技巧有以下几个方面。

（一）用顾客听得懂的语言介绍

通俗易懂的语言最容易被大众所接受，所以，在语言使用上，营销人员要多用通俗化的语句，让自己的顾客听得懂。营销人员对产品和交易条件的介绍必须简单明了，表达方式必须直截了当；表达不清楚，语言不明白，就可能产生沟通障碍，进而影响成交。

（二）用讲故事的方式介绍

人们都爱听故事，如果用讲故事的方法来介绍自己的产品常常能收到很好的效果。许多商品都有一些有趣的话题，如发明、生产过程、产品带给顾客的好处等。营销人员可以挑选生动、有趣的部分，把它们串成一个令人喝彩的动人故事，作为营销的有效方法。销售大师保罗·梅耶说："用这种方法，你就能迎合顾客、吸引顾客的注意，使顾客产生信心和兴趣，进而毫无困难地达到销售的目的。"

（三）用形象的描绘介绍

有位营销培训师总是给学员讲这样一句话："说话一定要打动顾客的心而不是顾客的脑袋。"打动顾客的最有效的办法就是用形象的描绘。例如，一位先生和太太一起逛商场，太太试穿了一件紫色的羊绒大衣，那位卖衣服的小姐对她说了一句话，使本来只想试试并没有购买欲望的她毫不犹豫地掏出了钱包，先生拉都拉不住。这位小姐对太太说的什么话竟有如此大的魔力？那句话就是："穿上这件衣服可以成全您的美丽。"这位小姐说话很高明，很会做生意。在顾客心中，不是顾客在照顾她的生意，而是她在成全顾客的美丽。虽然这话也是赞誉之词，但是听起来的效果截然不同。

（四）用幽默有趣的语言介绍

许多人都喜欢和幽默风趣的人打交道，而不愿和一个死气沉沉的人待在一起，所以一个幽默的营销人员更容易得到大家的认可。当"危机"产生时，营销人员恰当地应用幽默可化解顾客的异议，避免冲突的发生，扭转局面，获得意想不到的效果。

智慧故事

幽默的营销员

肖伟是一家外卖公司的营销员。有一天，他为一位顾客送完餐，正要走的时候，顾客突然叫住他："等一等，你自己过来看一下！"

肖伟问："您还有什么事吗？"

顾客："你看看你们的菜，里面怎么还有小虫子，你们这是在做菜吗？"

肖伟说："真是对不起，我马上给您换一份。不过这虫子可真是太聪明了，竟然知道什么是最好吃的东西！"

顾客说："这……呵呵，好吧，既然这么好吃，我明天还要这道菜吧。但记住，我可不希望明天的菜里还有虫子来游泳。"

二、营销人员在营销陈述前的准备

基于营销陈述在推销业务中的重要作用，在营销陈述之前，营销人员需要做好充分的准备。

（1）要从顾客角度出发，以顾客为中心来组织陈述要点。

（2）优化陈述序列。一个产品的相关信息有很多，其中有些是顾客所关心的，有些是营销人员必须知道但顾客却不感兴趣的。

营销人员应把重点放在顾客必须知道的信息上，特别是在顾客提供的时间有限时，要先保证快捷而准确地传达给顾客关键信息。

在营销陈述时，有的顾客会担心如果表现出外行，就可能在交易中处于弱势，因而往往表现出一种挑战的神情，在洽谈中争强好胜。面对这种情形，营销人员要用温和的态度和专业的营销陈述来打消顾客的疑惑。

此外，当顾客谈到价格时，营销人员不要立即认为顾客不愿意听营销陈述，只关心价格。事实上，很多时候顾客往往是在试探一下谈判的可能性，因为价格是最容易说出来的一个理由。所以顾客常常也相应地由价格开始谈起。

好的陈述所产生的效果要大于公司和产品的知名度对顾客的影响。因此，营销人员不必因为自己的产品没有做过广告，或知名度低而产生畏惧心理，实际上完全可以凭借自己专业的营销陈述来成功打动顾客。

三、理解顾客异议

在与顾客沟通的过程中，顾客对营销人员所提供的产品或服务提出异议，这是很正常的现象。

（一）发掘异议

异议是指顾客的不同意见，其实质是顾客对于产品或服务的不满意。顾客表达异议的方式多种多样，顾客可能直接说对产品没有兴趣，也可能借口要开会或需要和其他人进行商量。这些异议可能是真的，也有可能是假的。但即使是假的异议背后也往往隐藏着真的反对意见。顾客的异议往往如同冰山，异议本身只是顾客全部意思表达中很小的一部分，真正的异议是顾客隐藏起来的那更大的部分，需要营销人员去进行深入发掘。

（二）理解异议

异议的存在和积累往往会造成交易的失败。只有正确理解异议，才能科学化解异议，进而解决顾客的疑惑，化解顾客的不满。

从顾客方面来看，有的顾客对具有新功能的新产品、新的推销方式缺乏认识，没有认识与发现自己新的需要，还是固守原来的购买内容、对象、方式，因而对新事物提出异议；有的顾客由于缺乏支付能力，而对自己喜爱的商品提出价格方面的异议等。

从营销方面来说，有的异议来源于产品质量与顾客的需求有差距，有的异议是因为商品定价不稳定，有的异议则是因为营销服务的态度与质量欠佳，产生矛盾的根源是极其复杂的。所以，营销人员不能要求顾客的一切异议都完全合理。解决问题的关键不在于营销人员能不能有理有据地驳倒对方异议中的不合理因素，而在于首先树立“顾客是上帝”的宗旨，并由此去理解顾客的不满，了解他们提出异议的合理性和客观性，以改进自己的服务，化解顾客的不满和抱怨。

（三）化解异议

商品交易中经常出现磕磕碰碰的情况。有的顾客喜欢抱怨，横挑鼻子竖挑眼，有的营销人员脾气暴躁、针锋相对，结果交易不成，还影响心情。聪明的营销人员遇到异议，往往给顾客一个“台阶”，让对方心理平衡，使顾客愉快地购买自己的产品。

1. 劝说式

传统的优秀营销人员往往采用说服的方式，进行“劝说式销售”。只是这种方式解决一般异议尚可，如遇特殊异议很难奏效。

2. 合作式

合作式的营销人员通常主张双方共同协商找到解决问题的办法，从而克服异议。他们更注重考虑双方共同的利益，着眼于双方都能接受、较为妥善的解决方案，共同获得最大的利益，达到“双赢”。

3. 竞争式

竞争式的营销人员着眼于最大的利益，主张找到问题，即顾客的真正利益所在，然后加以消除。但有时也会导致顾客坚持自己最大的利益，最终可能由于双方利益的严重冲突而导致交易的彻底失败，甚至永远失去顾客。

营销过程中，无论采用哪种化解异议的方法，都要以平和的心态、赞赏的口吻让顾客感受到尊重和理解，只有这种营销沟通才能顺利进行。

第三节　主要营销环节的口才

“满意的顾客不一定是忠诚的顾客，而忠诚的顾客一定是满意的顾客”，培养能说会道的高级营销人员，让他们掌握营销口才技巧非常重要。

一、精彩的开场白

顾客听第一句话要比听以后的话认真得多。听完第一句话，许多顾客就自觉不自觉地决定是尽快打发营销人员走还是继续谈下去。因此，营销人员在拜访顾客之前一定要想好自己的开场白，给顾客留下好的印象，为成交奠定基础。讲好开场白，需要注意以下三方面的内容。

（一）把握交谈时机

与顾客第一次约见，把握好交谈的时机很重要。有很多营销人员工作热情很高，也掌握了熟练的口才技巧，但还是经常遇到没等切入正题就被顾客拒之门外的情况，这往往是因为没有选择好恰当的交谈时间。

如果在不恰当的时间与顾客进行交流，顾客就会认为自己的事情受到了干扰。例如，当顾客情绪低落的时候，或正赶上顾客忙得不可开交时，营销人员贸然上门，通常都不会达到预期的沟通效果。如果营销人员事先对顾客的时间安排有所了解，就可以有效地避免尴尬局面的发生。对顾客的具体时间安排了解得越清楚，营销人员就越容易找到合适时机与顾客展开沟通，从而最大限度地避免无功而返或引起顾客厌烦。

（二）形成亲和关系

人与人之间从毫无关系的两个人到认识，再到信任，甚至成为朋友，这需要彼此间心与心的交流。在与顾客正式沟通前，营销人员也要有意识地制造自己与顾客之间的这种缘分，而制造这种缘分的关键就是让顾客在第一眼看到你时就有一种亲切感和亲和力。

亲和力的建立是指通过某种方法让顾客喜欢你、接受你，当顾客对你产生这种依赖感时，自然对你的产品也会爱屋及乌。营销人员要想和顾客建立起亲和力，可以利用天气、利益、生活、新闻事件、兴趣爱好、赞美的话语等作为开场白的话题。

（三）语言准确流畅

在与顾客交谈的开场白中，营销人员准确流畅的声音除了能给顾客带来惊喜、信任外，还可以给自己的第一形象加分。有些营销人员辛辛苦苦地准备好各式各样的精彩开场白，就因自己开口磕磕绊绊、吞吞吐吐，让顾客产生了反感。要让自己的语言表达更加准确流畅，必须做到：语速适中、语调吸引人、吐字清晰、用词文雅、发音标准。

二、幽默的交谈

幽默可以说是打开销售成功之门的金钥匙，它具有很强的感染力和吸引力，能让顾客在会心一笑后，对营销人员、产品或服务产生好感，从而诱发购买动机，促成交易的迅速达成。

做一个幽默的营销高手要做到心中充满趣味的思想，注重收集幽默的资源，学会自嘲，善于妙用比喻。当然,最重要的是要对生活充满期待、热爱和自信,这是幽默的源泉。

三、精妙的对话

好奇心是人们希望自己能知道或了解更多事物的不满足心态,是人类认识大自然和自身的原动力。好奇心是“心灵的饥饿”,没有人可以抵挡住好奇心的诱惑。营销人员要想使自己的产品引起顾客的兴趣,就要设法使顾客对产品产生好奇心,借助好奇心理与顾客建立联系。唤起顾客好奇心的方法主要有以下几种。

(1) 提出刺激性问题,让顾客不自觉地产生关注。

(2) 显露价值的冰山一角,像诱饵般使顾客想获取更多信息。

(3) 朦胧介绍说明法,让顾客自己去想象、去探索。

(4) 利用从众心理,如“××先生,我们为你的许多同行解决了非常重要的问题”,从而让顾客感到好奇而主动参与进来。

四、适时的赞美

渴望被人赏识是人最基本的天性。赞美之于人心,犹如阳光之于万物,让人增加自信,让人更有活力,让被称赞者更能接受、肯定自己。赞美他人是一件好事,但绝不是一件易事,开口前我们一定要审时度势,让自己的言行成为成功交流的润滑剂。赞美要说小细节,赞美他人时最好描述出具体的行为,越具体越好,说一百遍“你真漂亮”,不如说一句“你今天的衣服搭配得很时尚”。

五、巧妙的提问

会沟通的人都是会问问题的人,通过良好的提问能够充分了解对方的想法,得到自己想知道的信息。销售也离不开巧妙提问,若营销人员问得好、问得妙,就能留住顾客的心,把生意做成。营销提问的基本方式有以下几种。

(一) 开放式提问

开放式提问是让顾客用自己的语言来回答和解释营销人员的提问。例如,营销人员可以这样询问:“产品在使用过程中您感觉如何?”“您觉得这种产品的哪些优势最吸引您?”“您对目前的产品有哪些不满意的地方?”以开放式提问询问顾客并耐心等待,或用鼓励的语言让顾客做出比较深入、详尽的回答,可提高顾客的参与性,完整地了解顾客的需求。

(二) 封闭式提问

封闭式提问是让顾客在固定选项中简单地回答“是”或“不是”。例如:“……对您是否重要?”“您是否在寻找……”“这是我给您做的计划书,您看合适吗?”封闭式提问特别有利于将顾客引向一个具体的话题。先来看看下面这段对话。

饮料导购员:“您觉得这种饮料好喝吗?”

消费者:“不好喝。”

饮料导购员:“为什么呢? 是太甜了?”

消费者:“是的,还有些腻。”

饮料导购员:“除了太甜,有些腻之外,您还有没有其他的不满意呢?”

消费者:“包装不好。”

饮料导购员:“是不便携带,还是不美观?”

消费者:“颜色太深,不喜庆。”

饮料导购员:“还有不满意的地方吗?”

消费者:“没有了,你真虚心。”

饮料导购员:“谢谢!”

在营销实践中,尽量多用开放式提问。如果顾客的需求不够明确,要设法追问清楚。如果不能肯定顾客的需求,再用封闭式问题进行确认。因为过多的封闭式问题,容易让顾客有被审问的感觉,甚至产生令人尴尬的沉默。

六、真诚的呼唤

顾客虽然可能对产品感兴趣,但与产生购买欲望还是有一段距离的。只有顾客有了强烈的购买欲望,才会下定决心购买你的产品。因此,营销人员必须准确地把握住顾客的心理,想方设法激发顾客的购买欲望。给顾客一个购买理由,可主要从以下几个方面考虑。

(1) 实用、省时、经济耐用。

(2) 健康方面。

(3) 舒适与方便。

(4) 安全。

(5) 多样化和消遣。

(6) 爱好和兴趣。

(7) 声誉和认可。

七、耐心的倾听

对推销而言,善听比善说更重要。在如今竞争激烈的市场中,一个营销人员仅仅拥有能说会道的“口才”是不够的,要成为一个顶尖的营销人员还要具备另一种能力,那就是倾听。

倾听对销售的帮助体现在以下几个方面。

(1) 倾听是对顾客的一种尊重。

（2）倾听能真实地了解顾客，增加沟通的效力。

（3）倾听才能思考。

（4）倾听可以全面了解顾客的需求。

有效倾听顾客的言辞可以让营销人员获得全面准确的信息，从中创造和寻找成交时机，因此，营销时不仅要带上自己的“嘴巴”，也要带上自己的“耳朵”。

第四节 营销口才训练

“嘴巴就是生产力”，这话说得一点儿也不夸张。很多营销人员为自己的口才而烦恼，甚至为此而不自信，最后导致其离开销售工作岗位。营销无小事，无论沟通还是谈判，成功开口之前，需要做好以下训练。

一、开场白训练

（1）下面是一个营销人员拜访顾客时的开场白，你觉得设计得如何？

营销人员小杨如约来到顾客办公室：

“苏经理，您好！很感谢您在百忙之中抽出宝贵的时间来接待我，真是非常感谢！”

“苏经理，您的办公室布置得简洁但很有品位，可以想象您是一个睿智而又做事干练的人！”

“这是我的名片，请多指教！”

“苏经理以前接触过我们公司吗？”

“我们公司是目前国内最大的为顾客提供个性化、自动化办公服务的公司。根据市场调查，我们了解到现在的企业不仅关注提升市场占有率和利润空间，同时更关注如何节省管理成本。您作为企业负责人，肯定很关心如何最合理地配置您的办公设备，并节省成本。所以今天我来与您交流一下，看有没有我们能够帮上忙的地方。”

“贵公司目前正在使用哪个品牌的办公设备？”

（2）邀请几位学生以营销员的身份，设计几个产品营销的开场白。营销人员可以利用天气、利益、生活、新闻事件、兴趣爱好、赞美的话语等作为开场白。

二、销售语训练

（一）幽默语训练

幽默语具有很强的感染力和吸引力，能让顾客在会心一笑后，对营销人员、产品或服务产生好感。从而诱发购买动机，促成交易的迅速达成。

1. 阅读案例

学生阅读案例，分析B公司的业务员为什么能够拿到签单。

有两个销售保险的营销人员，分属于不同的保险公司。有一天他们向一个对保险公司办事效率持怀疑态度的企业家推销保险。A公司的业务员说他的保险公司十有八九是在意外发生的当天就把支票送到投保人的手中。B公司的业务员说："那算什么！我的一位顾客不小心从楼上摔下来，还没有落地的时候，我已经把赔付的支票交到了他的手上！"老板听了哈哈大笑，当即与B公司的业务员签单。

2. 信息分享

学生交流分享自己收集到的营销幽默语，要求每人至少5条。

（二）激发语训练

营销人员要想使自己的产品引起顾客的兴趣，就要运用激发语，使顾客对产品产生好奇，借助好奇心理与顾客建立联系。

（1）下面一例生动地体现了"激发语"的运用。

一位看上去十分腼腆的先生走进了汽车展厅，乔·吉拉德主动走过去说："我有一项特殊的本领，就是能看出一个人的职业来。"那位先生微微笑了一下，并未答话。吉拉德接着说："哦，我敢打赌，您是一位律师。"律师在美国是非常受人尊重的职业，即使顾客不是律师，你说错了他也不会生气的。因为这恰好表明顾客在你的心中是有地位的，你是出于尊重他才这么说的。

可是，那位先生并不是律师。他听吉拉德的话忙不迭地说："不，不是。"吉拉德顺势问："那么，您是做什么工作的呢？"那位先生脸上露出一丝羞涩，低头沉思了一下说："你是不会相信的，我是一个每天都在宰牛的屠夫。"也许这位顾客想象了十种吉拉德的反应，唯独没有想象到吉拉德竟然激动地说："哇，太棒了！长期以来，我都在想，我们吃的牛肉到底是怎么来的。如果您方便的话，可以带我到您那里参观一下吗？"的确，吉拉德这样说并非是敷衍顾客，而是真的很想去看看。

那位顾客被吉拉德的真诚和热情所感染，于是他们热烈地讨论起参观杀牛的事情，20分钟后，这位顾客完全被吉拉德感染，他不仅买下了吉拉德推荐的车子，还邀请吉拉德周末去参观他是怎样杀牛的。

（2）唤起顾客好奇心的语言技巧，除了激发语外，还有哪些技巧？

（三）赞美语训练

渴望被人赞赏是人最基本的天性。赞美之于人心，犹如阳光之于万物，让人增加自信，让人更有活力，让被称赞者更能接受、肯定自己。

(1) 猜猜看,哪位营销人员的话有可能让张总换新车?

张总是位功成名就的企业家,因为艰苦奋斗惯了,开了十多年的旧车总也舍不得换。

汽车销售公司向张总推荐新车的营销员很多。

有的说:“张总,您这辆车子太破太旧了,跟您身份不符……”

有的说:“您这破车三天两头就要修理,修理费用得要多少呀……”

有的说:“您的车子还可以再用几年,现在换了新车有点可惜。不过,这辆车能够行驶十几万公里,您开车的技术真是高超!”

(2) 小组分享某些营销人员曾说过的给我们留下深刻印象的赞美语。

赞美的方法:赞美要发自内心,实事求是,不可言过其实、无限拔高;赞美要具体,不能太抽象笼统,一味泛泛而谈;间接赞美比直接赞美更有说服力;赞美贵在自然,千万不要做作;赞美还要注意措辞恰当。

(四) 呼唤语训练

营销产品要给顾客一个购买理由。如果你是超市营销员,请给购买生活日用品的顾客一个购买理由。

三、提问语训练

会沟通的人都是会问问题的人,通过睿智的提问能够充分了解对方的想法,得到你想知道的信息。销售也离不开巧妙提问。若销售员问得好、问得妙,就能留住顾客的心,把生意做成。

请阅读下面问话,分析说明营销提问有哪些主要方法。

营销人员:“产品在使用过程中您感觉如何?”

“您觉得这种产品的哪些优势最吸引您?”

“您对目前的产品有哪些不满意的地方?”

思考与练习

1. 销售人员需要什么样的口才?
2. 销售人员在训练自己的口才时需要注意什么?
3. 在销售过程中,口才主要发挥哪些作用呢?

参 考 文 献

[1] 张静波. 心理学与口才技巧[M]. 北京：中国社会出版社，2018.

[2] 加洛. 像 TED 一样演讲[M]. 宋瑞琴，刘迎，译. 北京：中信出版社，2015.

[3] 庞安. 演讲口才技巧与实例[M]. 北京：中国纺织出版社，2017.

[4] 张海翔. 脱稿讲话[M]. 广州：广东经济出版社，2017.

[5] 彩沄心理. 心理学与口才技巧[M]. 北京：中国纺织出版社，2019.

[6] 蒋红梅，张晶，罗纯. 演讲与口才实训教程[M]. 3 版. 北京：清华大学出版社，2016.

[7] 张卉妍. 心理学与口才技巧Ⅱ：不同场合的说话艺术[M]. 北京：北京联合出版公司，2018.

[8] 胡皓洋. 修炼好口才的第一本书[M]. 北京：中国纺织出版社，2017.

[9] 安德森. 演讲的力量[M]. 蒋贤萍，译. 北京：中信出版社，2016.